돈의 독립

돈의 독립

김준성 · 구본석 지음

생각나눔

나의 소원

一

"네 소원이 무엇이냐?" 하고 하나님이 물으시면,
나는 서슴지 않고 "내 소원은 **돈의 독립**이오" 하고, 대답할 것이다.
"그 다음 소원은 무엇이냐?" 하면, 나는 또
"우리 가족의 **돈의 독립**이오" 할 것이요, 또
"그 다음 소원이 무엇이냐?" 하는 셋째번 물음에도,
나는 더욱 소리를 높여서
"나의 소원은 우리나라 모든 국민들의 **돈의 독립**이오" 하고 대답할 것이다.

'**돈의 독립**'으로 세상을 자유롭고 풍요롭게 만드는 것이다.

一

김 구
준 본
성 석

지금 우리의 소중한 돈들은 독립되어 있는가?

책의 제목을 보고 '무슨 말이지?' 하고 의아해할 독자들을 위해, 우선 제목 선정이유부터 간단히 설명하려 한다. 이 책은 한마디로 돈에 관한 내용을 다루고 있다. 돈의 중요성을 굳이 피력할 필요는 없겠지만, 우리의 소중한 돈이 내 의도에 맞게 모이고, 굴러가고, 잘 쓰이고 있는지는 살면서 계속 고민을 하는 부분이다. 그렇다면 돈의 독립이란 과연 무엇으로부터의 독립을 말하려는 것일까?

첫 번째, 각종 이해관계로부터 금융상품의 독립이다. 어떠한 이해관계인가 하면, 우리가 돈을 모으고 불리기 위해 가입한 각종 금융상품이 과연 나의 소중한 자산의 증식을 위한 것인지 하는 점이다. 보험, 투자상품, 예·적금 등 할 것 없이, 금융상품이 과연 특정 금융회사의 이익으로부터 자유롭게 선택한 상품일까 하는 점이다. 대부분은 잘 모른다는 이유로 수수료가 높은 상품이나 고객에게 불리한 상품을 영업사원의 마케팅에 의심 없이 가입하고 있지는 않은가?

두 번째, 잘못된 정보부터의 독립된 전문가가 필요하다. 이 또한 무슨 얘기인가?

돈과 관련된 정보 대부분은 내가 아닌 금융회사 직원들이나 상대방에게서 취하는 경우가 대부분이다. 그렇다 보니 유리하지 않은 각종 정보로부터 내 돈이 독립되어 있지 않다는 것이다. 나를 위해 나에게 유익하지 않은 정보로부터 독립하려면, 나 스스로 금융전문가가 되거나 나의 이익을 위해 진정성 있게 정보 제공 및 관리해 주는 사람이 필요하다.

하지만 스스로가 금융전문가가 되는 것은 매우 힘든 일이다. 이 때문에 믿을 수 있고 나에게 합리적인 제안을 할 수 있는 전문가가 필요하다. 물론 이 사람은 나와 이해관계가 없이 독립적으로 정보를 제공하는 사람이어야 할 것이다.

이 책의 발간 목적은 저금리시대나 부동산 하락 등 재테크를 하는데 큰 어려움을 겪는 분들에게 매우 합리적이고 객관적인 정보를 제공하고자 함이며, 동시에 많은 사람들에게 도움을 주고자 하는 금융전문가로서 일종의 사명감 같은 것을 느낀다.

이 책은 특이한 인연에서 만들어졌다. 16년간 은행을 다니면서 VVIP를 대상으로 PB로서 업무를 하였으며 동시에 경제방송에서 전문가로 활동하고 있던 구본석 대표와 기업 및 관공서 등에서 재정·자산관리 관련 강의만 1,000회 이상 진행하고 경제연구소 소장으로 방송활동을 하고 있던 김준성 대표가 한 방송프로그램에서 만난 것이 그 인연이다. 그것이 이어져 로드스타자문이라는 회사를 함께 설립하고 두 사람이 의기투합하여 이 책을 집필하게 됐다.

살기 점점 어렵다고 불평하는 사람들이 늘어난다. 그렇다면 불평하는 것이 나의 행복에 도움이 될 것인가? 어떻게 하면 행복추구권을 가지고 있는 모든 사람들이 돈이라는 매개체를 통해 삶을 긍정적으로 생각할 수 있을까? 돈에 대해서 나는 어떤 행동을 해야 할 것인가? 이런 근본적인 질문에서 이 책은 시작한다.

끝으로, 이 책이 발간되기까지 로드스타자문이라는 이름으로 함께 하며 끊임없이 논의하고 회사의 철학과 목표를 위해 함께 노력하고 있는, 한 명 한 명이 자랑스러운 우리 임직원들, 발간을 위해 아낌없는 투자와 지원을 해주신 도서출판 생각나눔 이기성 편집장님을 비롯한 직원 여러분들의 노고에 글로 표현하는 것 이상의 감사를 드린다.

돈의 독립

차 례 ·

CHAPTER 1

구본석

CHAPTER 2
김준성

Private Banker

부 록

CHAPTER 1

돈의 독립

구본석

돈의 독립

구본석 ·

1. 서문

💿 시중에 많은 금융 관련 서적, 특히 재
테크에 대한 서적들이 즐비하다.

생활이 어려워질수록 재테크나 자산관리에 대한 관심이 높아지는
것도 사실이다.

하지만 쉽게 쓰인 책은 찾기 쉽지 않다. 2008년 금융위기를 야기
했던 리먼 사태를 다룬 영화 『마진콜』 장면 중 한 장면을 인용하면,
서브프라임모기지 사태를 인지한 투자금융사의 임원소집회의 장면
에서 존john 회장은 보고서를 쓴 사람에게 이렇게 얘기한다.

"날 아무것도 모르는 초등학생이라고 생각하고 쉽고 간단하게 설
명해 주게."

그래서 고민 끝에 결심하게 되었다. 다소는 전문적이지 않다는 오
해를 받더라도 금융을 직업으로 하지 않는 대다수의 독자들이 읽어
보기에 이 책만큼은 알기 쉽게, 실질적인 도움이 되는 내용으로 구
성해 보자.

그럼에도 다소 이해하기 어려운 내용이 포함되어 있음을 인정하지 않을 수 없다. 그 이유는 금융용어나 상품구조에 대한 독자들의 배경지식이나 경험의 차이에서 비롯되는 한계도 있을 수 있겠지만, 또한 나 스스로 고백하면 특정 분야에 있어서는 전문적이지 않은 부분들이 있다. 어쩌면 그 분야에 있어서 훨씬 많은 경험이나 공부를 한 전문가가 있을 수 있다.

하지만, 글을 쓸 수 있는 용기가 있었던 건,

첫 번째로 이 책을 읽을 대부분의 일반 독자들은 그들만 이해할 수 있는 어려운 금융전문가의 책보다 진정성 있는 내 글을 읽기를 원할 것이고,

두 번째로 "전문가로 여겨지는 그들 역시 그들이 관심 있어 하는 특정한 분야의 전문가일 뿐 일반 중산층, 서민들이 원하는 내용을 저자보다 고민하지 않았을 것이다."라는 점이다.

우리는 살기 위해 돈을 필요로 한다. 살기 힘들어졌다는 말은 궁극적으로는 돈 벌기가 어려워졌다는 말이거나 돈 쓰기 두려워졌다는 말로 귀결된다.

사는 것 자체가 소비이고, 소비하기 위해선 돈이 있어야 한다.

누구나 소득·지출 활동을 하고 산다. 다만 규모의 차이만 있을 뿐….

그런데, 왜 이렇게 돈 관리하는 것이 어려울까?

첫 번째 이유는 지출통제라는 것이 다이어트와 같이 고통을 수반하기 때문이다. 지출을 줄여서 저축액을 만들고, 모인 종잣돈이 당신을 부자로 만드는 초석이 될 수 있다. 하지만 사람은 고통을 본능적으로 회피하고 싶어 하기 때문에 지출을 통제할 수 없다. 그래서 부자가 되는 사람들이 따로 있는 것이다. 지출통제를 통한 방법 이외에 부자가 되는 방법이란 직장인의 꿈인 로또와 주식 대박 같은 거 이외에는 찾기 어려운 것이다. 그래서 우리는 지금도 로또와 주식 대박만을 기대하며 부자가 되기 위한 길과 멀어지는 생활을 반복하는 것이다.

두 번째 이유는 금융이라는, 자체적으로 어려운 용어에서 비롯된다.

금융을 딱딱하게 정의한 내용이 많겠지만, 저자는 돈의 흐름이라는 간단한 표현으로 설명하려 한다.

금융회사라는 곳은 궁극적으로 돈의 흐름을 잘 진행되도록 도와주기 위한 곳이다. 즉, 돈이 필요한 곳과 돈이 남는 곳을 매칭해서 우리 몸에 혈액이 잘 흐르듯 돈, 자금이 잘 흘러가도록 도와주는 곳이다. 그럼 과연 그러한 기능을 잘 수행하고 있을까?

금융이 뭔가에 대해 누군가가 저자에게 물어보면, 저자는 삶, 상식, 철학 이 3가지로 답변을 하곤 한다. 금융은 삶 자체이다. 돈 없이 이 세상을 살기는 너무 불편하게 이미 세상은 만들어져 있다. 삶을 지속하는 목적이 아닌 수단이 금융인 것이다.

삶 자체이기에 편리하고 유용해야 한다. 기술이 발달하면 할수록 더욱 편리하게 금융은 우리 삶에 더 깊숙이 자리 잡을 것이다.

또한, 금융은 상식이다. 금융이 상식에서 해결되지 못하고 어려운 용어, 복잡한 구조, 특정인만을 위한 산업으로 성장하고 있기 때문에 각종 민원과 불편이 증가하는 것이다.

금융정보가 대부분 금융회사에 집중되어 있어 금융을 이용하는 고객들은 상품가입을 통한 피해 사례나 민원이 급증하고 있다. 금융상품이라고 하면 대부분은 주식, 예금, 적금, 펀드, 보험 등을 우선으로 떠올릴 텐데, 이들은 각기 장·단점을 가지고 있다. 다른 말로 각자 개별적으로 본질이 다른 것이다. 차츰 자세히 풀어보겠지만, 주식은 주식다워야 하고, 예·적금은 예·적금다워야 하고, 펀드는 펀드다워야 하고, 보험은 보험다워야 한다. 이게 무슨 말인가?

예를 들면, 보험이라는 금융상품의 본질은 위험보장이다. 무엇으로부터 위험인가? 아프거나 다치거나 병들었을 때, 비용이 발생하거나 소득이 단절되었을 때, 내 가정경제가 무너질 위험 또는 주 소득원인 가장으로서 내가 사망 시 사랑하는 남은 가족들이 안정적인 삶을 이어갈 수 있는 장치가 보험이다. 그럼 여기서 이러한 보험의 본질을 고려할 때, 보험이 과연 저축일까? 비용일까? 한번 짚어보고 넘어갈 필요가 있다. 저축을 미래 소비를 위한 마련 또는 목돈 만들기라고 한다면 이는 예·적금 또는 펀드, 주식의 영역이다. 즉, 상품 특성상 목적에 맞는 상품은 보험이 아닌, 예·적금, 펀드, 주식 등이다. 그런데 저축보험, 연금보험, 변액연금 등 이러한 보험을 가지고 저축을 얘기하고 있는 상황이다. 비과세 등 보험의 장점을 부각하면서 저축 용도의 보험을 얘기하는 것이 과연 적정할까?

보험 이율이 3%라면 10년 뒤 복리가 아닌 단리로 계산해도 10년 뒤 누적수익률은 30%가 되어야 함에도, 사업비 등의 이유로 환급률은 내가 낸 원금 100%+이자 15% 내외(연평균 D1.5%)가 된다면 여러분은 과연 보험을 저축목적으로 가입할 것인가? 심지어 일정 기간이 지나지 않은 중간시점에서 해지하게 되면 적금과 달리 원금도 나오지 않는 상품을 저축목적에 적합하다고 생각하는지 의문이다.

저자가 보험을 특별히 문제가 있는 상품이라고 생각해서 이렇게 장황하게 언급하는 것이 아니다. 오히려 보험은 우리 생활에 필수적인 상품이다. 다만, 보험이라는 본질에 맞게, 목적에 맞게 최소의 비용으로 최대의 효과를 볼 수 있도록 가입이 되어야 하고, 우리에게 재무적으로도, 비재무적으로도 도움이 되어야 한다. 무언가 니즈가 있어야 하고 그 니즈와 가장 부합하는 금융상품을 알고 가입해야 하는 거 아닐까? 싶다.

마지막으로, 금융은 철학이 있어야 한다. 철학이라는 말이 너무 거창하게 느껴진다면 진정성이라는 용어로 표현하고 싶다. 금융회사는 저마다 이익의 기반이 되는 고객에 집중하면서도 고객의 가치와 입장보다는 금융회사의 이익을 우선시해서 비난을 받기도 한다. 적정한 균형이 필요한데, 이를 위해 다분히 금융회사뿐만 아니라, 금융기관 소속 직원들도 철학과 사명감이 있어야 한다. 고객 만족을 위한 것이 과연 무엇일까, 계속 고민하고 바꾸어 나가야 한다.

돈 관리가 어렵고 귀찮게 느껴지는 3번째 이유는 목표가 없기 때문이다.

왜 돈을 모으는지 막연한 생각만 있을 뿐, 구체적인 목표설정이 없다. 예전 우리 부모님 세대들은 5년 뒤에 집을 사기 위해 주택청약을 해당 평수에 맞는 금액을 맞추기 위해 저축액을 계산하고 먹을 것을 줄여가며 저축을 해왔다.

그런데 현재 우리 세대들은 그러한가? 구체적인 필요저축금액도 모른 채, 소비할 것 다 하고 혹시 남은 금액이 있다면 저축해 보자는 심리가 있지 않은가? 월급에 맞춰 소비를 모두 지출하기 위한 계획만을 하거나 카드 결제금액을 맞추기 위한 노력만 하고 있진 않은지?

마지막으로, 돈을 모으기 어려운 마지막 이유는 나에게 필요한 정보, 객관적인 정보를 얻기 어렵기 때문이다.

자본주의 사회에서 돈에 관한 공부를 하는 것은 분명 중요하다. 우리의 몸과 머리가 노동을 하고 노동의 대가로 소득활동을 하듯이, 돈도 노동을 해서 최소한 물가상승률 이상 가치를 늘려나가야 한다. 하지만 돈에 관한 공부에 집착하는 것은 바람직하지 않다. 각자 잘할 수 있는 분야를 찾고, 그것에 집중해서 자신에 대한 가치 또는 노동의 가치를 높여서 소득을 높이는 것 또한 매우 중요하다. 그럼 어떻게 할 것인가?

몸짱을 만들기 위해 트레이너라는 전문가의 도움을 받을 경우 좀 더 수월해지듯이, 돈 역시 전문가의 도움을 받으면 좋다. 비용이 들어가더라도 전문가와 함께하면서 습관화되고 공부가 되면 비용이 아깝지 않을 것이다. 분명한 건, 유료 자문서비스가 고객 관점에서 아깝지 않아야 계약이 이뤄지고 진행될 것이다. 또 하나 분명한 건, 세상엔 공짜가 없으며, 정당한 비용이 오히려 비즈니스적으로나 실제적으로도 훨씬 더 도움이 될 경우가 많다는 것이다.

저자가 증권사, 은행이라는 금융기관에서 일하고 있을 때 미처 보지 못했거나 보였더라도 넘길 수밖에 없었던 것들에 대해 나를 포함한 일반 고객들이, 그리고 자산가들이 금융이라는 걸 통해 진정으로 원하는 것이 무엇이었을지 이 책을 통해 한 번 더 되짚어보는 계기가 되길 바라며, 하나하나 풀어보려 한다. 부자가 되기 위한 준비가 되셨는가? 중요한 것은 다분히 부자가 되고 싶다는 마음이 아니라, 부자가 되기 위해 고통을 감수하고 실천해 보겠다는 준비를 해야 한다.

2. 독립재정자문사는 어떤 곳이며 왜 필요한가?

■ IFA는 '독립투자자문업자(indefendent financial advisor)'의 약자로, 미국, 유럽 등 소위 금융선진국에서는 이미 정착된 제도이다. (영국은 1988년, 일본 2004년도 도입)

> **독립재정자문사란?**
> IFA(Indefendent Financial Advisor) 제도는?
>
> **독립 : 이해관계자**로부터 **독립**하여
> **재정 : 고객**의 입장에서 고객의 **재정상태**를
> **자문 : 고객**에게 **이익이 되는 솔루션**을 제공

독립투자자문사가 공식 용어이나, 저자는 투자 대신 재정(financial)이라는 용어로 살짝 바꾸어봤다. 투자라는 용어가 주는 의미가 투자수익률이라는 단편적인 접근만을 강요할 수 있다는 취지이고, 실질적으로 돈을 통한 삶의 가치를 고민해 보자는 생각에서 재정이라는 용어로 바꾼 것이다.

그렇다면, 본격적으로 한 글자씩 해석해 보자.

첫 번째, 독립이라는 단어가 매우 중요한 의미가 있으며 본질을 포함하고 있다. 무엇으로부터의 독립을 말하는 것일까? 해답은, 기존의 이해관계자인 금융기관 등과 독립되어 있어야 한다는 것이다. 왜 이런 내용이 본질이고 중요하다고 할까? 은행, 증권사, 보험사, 운용사 등 특정 금융기관과 연계되어 있다면 고객의 이익이 중심이 되기보단 해당 기관이나 자문사의 이익에 무게중심이 놓일 위험에 노출된 채, 고객들은 금융활동을 할 것이며, 이로 인한 금전적, 심적 피해는 고스란히 고객의 몫이 되기 때문이다.

두 번째는 투자라는 것인데, 현재 우리나라 상황을 놓고 해석할 필요가 있다. 2017년을 눈앞에 둔 지금 시점에서 우리나라 국민들은 향후 우리나라 경제에 관해 낙관적일까, 비관적일까? 굳이 경제를 잘 모르겠다고 하더라도, 실제 체감하는 경기를 기준으로 볼 때 아마도 대부분은 비관적이거나 예전보다 보수적으로 볼 것이다. 예전 우리 부모세대에는 국가, 기업 등이 고성장을 해 왔기 때문에 고금리 시대를 살아왔으며 적금, 예금만 잘해도 돈이 불었던 시기이며, 부동산까지 잘 투자되었다면 평생 사는 데 큰 문제 없이 살 수 있을 만큼 부를 축적할 수 있었다.

하지만 현재 시점은 어떠한가? 저성장, 저금리, 저출산 등 우울한 얘기로 가득한 시기이다. 그렇다고 저축이나 투자를 포기할 것인가?

그렇지 않다. 오히려 이런 시기에 적절한 투자는 선택이 아닌, 필수로 인식해야 한다. 그동안 힘들게 모은 종잣돈의 노동을 통해 물가상승률+추가 수익이 있어야 행복한 또는, 안전한 노후를 기대해 볼 수 있다.

여기서 잠시, 투자자문과 순수자문사를 구분할 필요가 있다. 우리나라엔 현재 무수히 많은 투자자문사가 있다. 이런 곳에서는 고객들의 돈을 모아(다른 말로, 펀딩해서) 운영을 하고, 수익이 날 경우 수수료를 차감한 후 수익 배분하는 형태가 일반적이다. 다만, 손실이 발생하면 고객의 잘못된 투자로 귀결해 버리는 문제점이 있다. 이에 비해 순수자문사는 순수한 자문료만으로 회사를 운영하며, 상품판매나 이익 배분 행위도 존재하지 않는다. 그렇기 때문에 고객 입장에서 자문이라는 것에 충실할 수 있다. 이해관계 없이 고객의 이익을 전제한다는 진정성이 없다면 자문계약이 계속 이어질 수 없을 것이며, 고객의 만족이 없다면 순수자문사는 문을 닫을 수밖에 없을 것이다.

우리나라에서는 국민 생활의 안정이라는 명목하에 정부 관리를 전제로, 금융기관이 설립되어 은행업법, 증권업법, 자본시장법 등 각종 규제와 기존 금융기관에 자본적 혜택을 주어왔다.

이 책을 쓰고 있는 2명의 저자는 최근 등록시행 중인 IFA 제도에 환영하는 입장이다. IFA 회사란, 쉽게 설명하자면 어느 특정 금융기관이나 특정 이해 관계없이 객관성을 확보하기 위해 독립된 회사이며 상품판매가 행위가 일절 없는, 고객의 이익을 최우선으로 하는 객관적, 전문적, 윤리적인 자문을 목적으로 하는 회사라는 점이다.

미국, 영국, 일본 등 해외 IFA 회사를 보면, 자문료로만 운영되는 회사와 일정 부분 금융상품 판매를 제한적으로 추가한 회사 형태로 나뉜다. 장·단점이 있겠지만, 고객 측면에서 고려해 보면, 순수자문료로만 운영되는 독립자문사가 유리할 가능성이 훨씬 크다. 그 이유는 순수자문료로 운영되지 않는 회사의 경우, 판매수수료가 회사 수익에 연결되는 순간, 또 다른 이해관계가 발생하고 고객 측면보다 회사 수익적 측면으로 판단의 무게중심이 옮겨갈 가능성이 크며 이는 고객 이익과 상출할 가능성이 매우 커짐을 배제할 수 없기 때문이다.

3. 펀드
도대체 어떤 상품인가?

⬛ 금융상품을 생각하면 대부분의 사람은 예금, 적금, 보험, 주식, 펀드 등을 떠올릴 것이다.

이 중에서도 소위 투자상품 하면 대부분 먼저 떠올리는 것이 주식, 펀드일 것이다. 주식의 경우 위험(원금을 날릴 가능성, 변동성이라고도 표현함)이 너무 크고, 종목 선택이 어렵고, 개인이 이길 수 있는, 즉 돈을 벌 수 있는 기회가 만만치 않기 때문에 전문가에게 위탁하는 랩이나 펀드를 대안으로 생각해보기도 한다. 이 중에서도 수수료 측면에서 랩보다 훨씬 저렴한 펀드가 일반적인 형태인데, 투자상품의 핵심인 만큼 조금은 쉬운 용어로 좀 더 가까이 다가서 보도록 하자.

펀드는 자금 모집이라고 생각하면 쉽다. 왜 자금을 모을까? 그것은 투자를 원활하게 하기 위함이며 특히, 주식과 달리 펀드는 모집된 돈을 전문가(펀드매니저)에게 위탁하고 비전문가인 투자자 대신 잘 운영해서 적정 수익을 내어 달라는 측면이 강한 금융상품이다.

하지만 여러분의 펀드는 어떠한 상황인가? 몇몇은 기대 이상의 수익으로 흐뭇해 할 수도 있고, 몇몇은 원금 손실로 고통스러워 할 수도 있다. 펀드는 예금, 적금과 달리 원금보장 상품이 아니기 때문에 원금 손실, 즉 리스크를 항상 염두에 두어야 한다. 큰 맥락에서는 원금보장이 되는 금융상품은 존재하지 않는다. 특정 예금도 해당 금융기관이 파산하면 일정부분(예금보험공사에서 보장하는 금융기관별 원리금 5천만 원 한도로 보장하기 때문)만 제외하고 원금 손실을 볼 수 있다.

다시 펀드로 돌아와서, 왜 펀드 수익률은 제각각일까?

그리고 왜 내 펀드는 다른 사람보다 수익률이 낮은 것일까?

펀드는 종류도 참 많다. 다양한 분류방식에 따라, ** 주식형 펀드, ** 채권형 펀드, 공모형 펀드, 사모형 펀드, 국내 펀드, 해외펀드 등등 분류방법도 다양하다.

여기서는 펀드 자격증을 위한 책이 아닌 만큼 분류방법에 관한 공부보다는, 펀드 투자를 위한 몇 가지 꿀팁을 공유하고자 한다.

꿀TIP

1. 포트폴리오를 잘 구성해야 한다. 보통 펀드를 얘기하면 펀드는 잘 골라야 한다고 한다. 너무 당연한 얘기다. 하지만 그 전에 우선되어야 하는 것은 본인의 투자성향을 체크하고 본인의 투자성향에 맞는 포트폴리오를 전문가와 잘 구성해야 한다는 점이다.

2. 펀드는 철저히 리스크를 생각해야 한다. 특히, 우리나라 대부분의 사람들은 3개월, 6개월, 1년 단기 수익률을 보고 판단하는 경우가 많다. 지금 단기적으로 투자가 잘되고 있다고 해서 미래에도 잘될 것이라는 보장은 그 어디에도 없다. 이를 역으로 활용하여 최근 가장 많이 하락한 펀드를 선택하는 사람들도 있다. 수익률이 많이 빠진 원인을 정확히 알고 있지 않거나 논리가 없다면 최근 저조한 펀드를 선택하는 것도 무리가 있을 수 있다.

구체적으로 어떤 펀드를 어떻게 골라야 할까? 저자는 3가지 측면을 강조하고 싶다.

첫째, 펀드는 3~5년 이상 장기적인 상품이며, 따라서 단기적으로 잦은 펀드 교체를 하는 방법보다는 중장기적으로 수익을 가져갈 수 있는 펀드를 선택해 보자는 것이다.

둘째, 장기적인 상품인 만큼 동일하거나 비슷한 펀드 중에서 수수료를 절약할 방법을 생각해 보자.

수수료를 절약하는 방법이 무엇일까? 해답은 온라인에 있다. 많은 사람이 일반 보험보다 인터넷을 통한 다이렉트 보험을 선호하는 이유는 너무도 뻔하다.

싸고 편리하기 때문이다. 굳이 많은 설명을 하지 않더라도, 상식적으로 온라인을 통한 가입방법이 직원들 인건비 등 금융회사의 사업비가 포함된 오프라인(금융기관방문) 가입보다 더 저렴하리라는 걸 충분히 알 수 있다.

다만, 펀드에 있어서 이미 온라인 가입이 가능한데도 아직 활성화되지 않은 2가지 제약조건이 있다.

하나는 온라인 가입방법 자체를 몰랐던 부분 하나이고, 또 하나는 투자상품이다 보니, 수많은 펀드 중에 어떤 펀드를 해야 할 지 모르기 때문이다.

자, 하나씩 해결해 보자.

첫 번째는 펀드 슈퍼마켓에서 해답을 얻을 수 있다.

[보험의 경우 보험슈퍼마켓 또는 보험다모아라는 사이트를 생각해 볼 수 있으며, 최근 금감위에서는 파인(http://fine.fss.or.kr)이라는 금융소비자 금융 포털을 개설해 펀드, 보험을 포함한 대부분의 금융상품을 한 사이트 내에서 취급할 수 있도록 진행하고 있다.]

두 번째, 펀드 선택의 문제는 현실적으로 스스로 별도의 공부와 경험을 쌓는 방법 외에는 특별한 방법이 없는 것이 현실인데, 그래서 다른 대안으로 생각해 볼 수 있는 것이 전문가의 도움인 것이다. 따라서 스스로 선택할 수 있는 능력이 될 때까지는 은행, 증권사 직원의 설명을 듣고 가입하는 경우가 대부분인 현실이다. 문제는 고객의 투자성향, 니즈에 부합되는 상품선별보다, 금융기관에서 추구하는 수수료가 높은 상품으로 가입이 될 수 있는 리스크를 온전히 배제할 수 없다는 측면이다. 그래서, 운 좋게 고객 입장을 충분히 고려해 주는 직원을 만나거나 그것도 어렵다면 독립재정자문사를 찾게 되는 것이다.

마지막으로, 펀드에 있어 중요한 키포인트 셋째는 리스크를 꼭 확인하자는 것이다. 기간을 장기적으로 가져갈 경우, 경제순환 패턴에 의해 일정 부분 리스크 헷지가 되더라도 가입 시점에서 해당 펀드의 리스크 수준을 알고 있으면 더욱 좋다. 다분히 수익률에만 현혹되어 수익률 높은 펀드만 쫓다가는 숨어있는 리스크에 절망할 수도 있다.

수익보다 리스크를 먼저 챙겨보는 습관을 지니자. 그래야 성공투자를 할 수 있다.

동일해 보이는 국내주식형 펀드 내에서도 펀드마다 수익률과 표준편차의 차이가 있음을 알 수 있다. 즉, 수익률이 비슷할 경우, 당연히 위험도가 적은 펀드가 표준편차가 비슷하다면 수익률이 높은 펀드를 선택하는 것이 상식적일 것이다.

현대 투자이론의 기본을 이루는 '포트폴리오이론'을 최초로 제시한 미국의 경제학자 해리 마코위츠의 효율적 투자기회선은 이러한 개념을 기초로 한다.

No	펀드명	1년 수익률	1년 표준편차	유사성 종합점수
	신영마라톤증권투자신탁(주식)A	7.74	8.76	
1	교보악사Neo가치주증권투자신탁[주식]ClassA	6.86	8.91	82.24
2	하나UBS블루칩바스켓증권투자신탁[V-1[주식]ClassA	8.15	9.39	82.07
3	한국밸류10년투자소득공제증권투자신탁(주식)종류C	11.07	8.35	81.93
4	한국밸류10년투자어린이증권투자신탁 1(주식)(A)	10.14	8.38	81.70
5	KB퇴직연금증권자투자신탁(주식)C	5.64	8.79	81.44
6	베어링가치형증권투자신탁(주식)ClassA	13.49	9.72	80.95
7	미래에셋고배당포커스증권투자신탁K-1(주식)C 5	6.33	9.91	80.63
8	한국밸류10년투자밸런스증권투자신탁 1(주식)(A)	12.90	9.05	80.46
9	하나UBS대한민국증권자투자신탁[주식]Class C	1.75	9.10	80.05
10	하이월복판홀기증권투자신탁 1[주식] C	10.09	9.76	79.35
11	트러스톤징기스칸증권투자신탁[주식]A클래스	13.78	9.95	78.86
12	키움코리아에이스증권자투자신탁 1[주식]A1	13.20	9.94	78.61
13	동부진주빛기증권투자신탁 1[주식]ClassA	11.02	9.13	77.96
14	트러스톤제갈공명증권투자신탁[주식]A	9.10	9.09	77.90
15	한국투자한국의힘증권투자신탁 1(주식)(A)	11.70	9.68	77.81
16	한국투자골드플랜연금증권전환형투자신탁 1(주식)(C)	10.61	9.06	77.56
17	JP모간한국오퍼튜니티증권자투자신탁A(주식)	10.41	10.04	77.54
18	DGB장수기업포커스증권투자신탁 1(주식) A	5.14	9.41	77.38
19	KB연금성장주증권전환형자투자신탁(주식)C 클래스	15.43	9.50	77.34
20	한국밸류10년투자장기주덕마컨증권투자신탁 1(주식)(C)	16.39	10.08	77.31

* 유사성 종합점수 : 각 점수는 0~100 사이의 값을 가지며, 점수가 높을수록 타겟 펀드와의 유사성이 높음을 의미합니다.

▲펀드닥터에서 발췌

펀드가 수익 나는 경우는 아래 3가지로 요약된다.

1. 운영사(또는 펀드매니저)가 운영철학을 가지고 잘 운영할 경우.

2. 시장 타이밍이 좋았을 경우.

3. 특이한 문제가 없는 펀드를 통상 5년 이상 장기간 보유했을 경우.

펀드매니저는 벤치마크지수(예를 들어, 국내 주식형이라면 코스피 지수가 대표
적)보다 잘하면 잘 운영했다고 자랑을 하곤 한다. 심지어 벤치마크인
코스피가 −10%일 때 매니저가 운영한 수익률이 −7%라면 시장보다
3% 잘했다고 스스로 위안하곤 한다. 하지만, 더 중요한 것은 고객의
수익률이 −7% 구간이라는 점이다.

시장보다 잘했다고 스스로 위로하거나 겸손하지 않아서도 안 된다.

지금까지 아주 깊숙이는 아니지만, 펀드에 대해 간략히 살펴보았
다. 펀드 어렵지만, 투자 포트폴리오를 구성하는 데 핵심 역할을 할
수밖에 없기에, 이번 계기를 통해 좀 더 관심을 두고 실제 가입해 보
는 계기가 되었으면 한다.

4. ETF_ELS
쉽게 이해하기

🖮 정말 많은 금융상품이 있다. 일일이 세보진 않았지만, 수천 가지, 수만 가지는 되지 않을까?

여기서는 주식, 예금, 적금, 보험 등 일반인들이 들어본 금융상품이 아닌 상품이지만, 많은 투자가 이뤄지고 있다는 대표적 금융상품인 ELS와 ELF를 쉽게 설명해 보고자 한다.

금융상품도 하나의 상품으로 가정하면 상품선택에서도 개개인의 취향이 반영되기 마련이다. 원금 손실에 대한 무조건적인 거부감이 있는 사람들은 은행 예금(2012년 부산저축은행 파산, 2013년 한국저축은행, 솔로몬저축은행, 신라저축은행 파산 신청 등을 고려할 때 예금도 예금보험공사에서 보장하는 원리금 5천만 원까지만 원금보장상품이다.)에 가입할 것이고, 원금 손실 리스크를 충분히 떠안을 수 있는 사람은 주식, 선물, 옵션, 환 등 적극 투자상품을 선택할 것이다.

투자성향은 6단계, 7단계 등 세밀화되고 있으나, 일반적으로는 1단계 안정형, 2단계 안정 추구형, 3단계 위험 중립형, 4단계 적극 투자형, 5단계 공격 투자형으로 구분한다.

증권사와 은행 PB로 근무할 때 가졌던 생각은 중산층, 서민들은 일반적으로 적극 투자형이나 공격 투자형이라고 생각했다. 왜냐면, 적은 금액으로 빨리 큰 목돈을 만들어 부자의 대열로 들어서야 하기 때문에 그러했고, 나 자신부터 공격 투자형이어서 그렇게 생각했었던 부분이 있었지 않았나 싶다.

하지만 대부분 많은 상담을 통해 경험한 바로는 일부 금융회사 직원을 제외한, 금융지식에 취약한 일반 직장인, 공무원, 사업자 등 대부분은 보수적 성향을 가지고 있다는 점이다.

심지어, 경제방송 앵커, 작가, PD뿐만 아니라, 증권사, 은행 직원들 역시 공격적 투자성향보다는 보수적 투자성향을 지니고 있는 경우가 더 많았다는 점에 주목할 필요가 있다.

또한, 증권사, 은행 직원들 역시 실제 주식이나 펀드 등 투자상품 가입을 안 하는 경우가 허다하다는 점이다.

소위, 금융전문가들인 그들은 주식도 잘 알고 투자상품도 잘 알고 있기에 모두 엄청난 부자가 되어있어야 하지 않을까?

그러나 실제 현상은 극히, 일부 몇몇을 제외하고는 그렇지 않다. 그런데 이러한 현상은 한편 당연한 것이다. 왜냐면 그들 역시 보수적인 성향이 있는 사람들이 많고, 투자의 위험성을 잘 알고 있으며, 관심사항이 따로 있기 때문이다.

서론이 너무 길어졌기에, 본 주제인 ETF와 ELS로 다시 돌아오려 한다.

ETF는 Exchange Traded Fund의 약자로 일종의 펀드와 같은 상품이다.

간단하게 설명하면, 예를 들어 코스피 같은 지수를 상품화해서 매매가 쉽게 할 수 있도록 한 것인데, 왜 이런 상품이 나왔을까 생각해 보자.

간혹, 주위에서 투자자들과 상담을 하다 보면 주식과 펀드 중에서 개별주식을 하기엔 변동성(리스크)이 너무 커서 부담스럽고 예측이 어려운 데, 그나마 코스피 같은 지수는 일정 수준 예측이 가능하다고 생각하시는 분들이 많다. 그러한 니즈가 반영된 금융상품으로 이해하면 쉽다. 즉, 개별 자산의 상승, 하락 여부보다는 전반적인 방향성을 판단해서 투자하는 형태가 ETF 투자의 전형이다.

또 하나는 펀드라는 간접상품의 형태를 띠면서도 실시간 매매가 가능해서 주식의 장점을 가진 점, 그리고 운영에 대해 투명성을 확보할 수 있다는 장점 때문에 주목받고 있는 상품이다.

최근 글로벌 차원에서 투자상품에서 가장 높은 성장세를 보이는 것 중의 하나가 바로 ETF다.

ETF는 지수형뿐만 아니라, 종류도 다양해 여러 가지 투자 전략을 구사하거나 자산 배분을 하는 데 매우 유용한 수단이다. 지수가 상승할 것으로 예측할 경우, 지수를 추종하는 인덱스 펀드에 투자하듯이 시장지수 관련 ETF나 레버리지 ETF에 투자하면 된다.

반대로, 시장이 하락할 것이라고 예상된다면 인버스 ETF에 투자한다. 이처럼 ETF는 가격이 올라야만 수익을 낼 수 있는 개별주식 투자와 달리 시장의 양방향성을 이용해 투자할 수도 있다. 그뿐만 아니라 ETF는 산업 섹터별 투자가 가능하고, 대형주, 중형주, 소형주, 가치주, 성장주 등 스타일별로도 ETF 투자가 가능하다.

금, 원유, 원자재 같은 상품 선물에 투자하는 ETF도 있다. 개인투자자 입장에선 소액으로 ETF를 활용하면, 소액으로도 상품에 투자하는 효과를 얻을 수 있다.

해외 증시 등에도 투자가 가능하다. 해외펀드보다 환금성과 투명성이 높아 ETF를 이용하면, 해외 투자도 손쉽게 할 수 있다.

ETF의 가장 큰 장점은 저렴한 거래비용과 분산 투자 효과라고 할 수 있다. ETF는 주식처럼 증권시장에 상장되어 거래되는데, 매도 시에는 증권거래세가 면제되고, 수수료 측면에도 일반 펀드에 비해 싼 편이다.

예를 들면, 일반 주식형 펀드 수수료가 1.5%~2%라고 가정하면 ETF 수수료는 절반 수준인 0.5~1%로 일반 펀드보다 수수료가 매우 저렴한 특징을 가지고 있다.

섹터별, 테마별로 투자할 때 어느 개별주식이 상승할지 종목선정이 어렵지만, ETF 투자 시 관련 업종 관련 테마에 분산 투자하는 효과를 거둘 수 있다.

투명성도 높은 편이다. 주가지수의 움직임에 연동되어 운용되므로 가격의 움직임을 쉽게 파악할 수 있다.

실시간 매매가 가능하다는 점도 매력적인 대목이다.

실시간 거래가 불가능한 주식형 펀드와 다르게 바로 매매가 가능함으로써 시장의 변동성에 적극적으로 대응할 수 있다.

단점은 원금 손실의 가능성은 기본으로 하고, 주식과 동일하게 삶의 질을 떨어트릴 수 있다는 점이다. 본인의 돈이 투자되었다면 주식과 동일하게 매일 가격변동을 체크하기 마련이다. ETF 역시 변동성이 일 단위로 적지 않기에 실제 투자를 하고 있는 경우, 매일매일 가격변동에 민감할 수밖에 없기에 삶의 질을 떨어뜨리는 요인이 된다.

또 하나의 단점은 ETF에 투자할 때는 거래량을 따져 봐야 한다.

환금성이 높다고는 하지만, 거래 규모가 작아 매매체결이 바로 되지 않아 환금성에 어려움을 겪을 수 있기 때문이다.

따라서, ETF만의 장점이 본인의 투자성향과 형태와 맞다 하더라도 펀드라는 특성을 잊지 말고, 3년 이상 장기적인 투자관점에서 고려했으면 한다.

참고로, TIGER ETF(미래에셋자산운용), KODEX ETF(삼성자산 운용), ARIRANG ETF(한화자산 운용) 등으로 운용사마다 브랜드를 가지고 ETF를 적극적으로 확대하고 있다.

ETF의 종류

1. 특정 산업의 흐름을 추종하는 섹터 ETF
2. 추종 지수 하락에 투자하는 인버스 ETF
3. 미국 유럽 등 해외에 투자하는 해외 ETF
4. 코스피 코스닥에 투자하는 지수 ETF

이제, ELS로 넘어가자. ELS에 관한 기사는 심심치 않게 접할 수 있다. 중위험·중수익 상품의 대명사로 자리 잡은 지 오래다.

변동성을 활용한 대표적인 상품이 ELS(Equity Linked Securities, 주가연계증권)이다.

주가연계증권은 기초자산에 일정한 조건을 충족하면 정해진 수익률에 따라 만기나 만기 전에 지급을 약속하는 금융상품이다. ELS를 발행하는 금융회사의 신용도도 중요하다.

일반적으로 기초자산은 크게 지수로 하는 경우와 개별주식으로 하는 경우, 두 가지로 구분된다. '변동성이 클수록 수익률이 높아진다'는 원리에 따라 지수로 만든 상품이 개별주식보다 상대적으로 변동성이 적기 때문에 수익률이 낮은 게 일반적이다.

여기서 기초자산은 다양하게 구성할 수 있다. 지수를 기초자산으로 한 ELS는 국내 및 해외 지수를 모두 활용한 다양한 상품이 출시되어 있다. 주류를 이루는 지수 형태의 ELS 상품은 국내 KOSPI200지수, 홍콩 H지수, S&P지수 등을 기초자산으로 연 3~10% 내외의 수익률을 제시하고 있다. (http://elsresearch.com/els/category/SD 에서 일부 발췌)

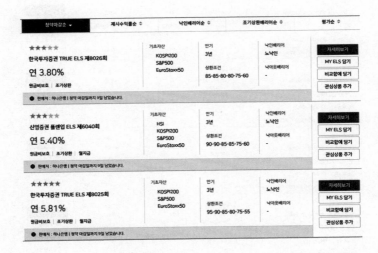

★★★★★	기초자산	만기	낙인배리어	
대신증권 ELS 제6924회	HSI KOSPI200 S&P500	3년	45% 이상	자세히보기
연 5.30%		상환조건 85-85-85-80-75-70	낙아웃배리어 -	MY ELS 담기 비교함에 담기 관심상품 추가
원금비보호 | 조기상환				
● 판매처 : KB국민은행 | 청약 마감일까지 8일 남았습니다.				

★★★☆☆	기초자산	만기	낙인배리어	
미래에셋증권 DLS 제1133회	iShares China Large-cap S&P500	3년	노낙인	자세히보기
연 3.72%		상환조건 85-85-80-80-75-60	낙아웃배리어 -	MY ELS 담기 비교함에 담기 관심상품 추가
원금비보호 | 조기상환 | 월지급				
● 판매처 : SC은행 | 청약 마감일까지 8일 남았습니다.				

★★★☆☆	기초자산	만기	낙인배리어	
한국투자증권 TRUE DLS 제736회	iShares China Large-cap S&P500 EuroStoxx50	3년	노낙인	자세히보기
연 3.72%		상환조건 80-80-80-75-70-60	낙아웃배리어 -	MY ELS 담기 비교함에 담기 관심상품 추가
원금비보호 | 조기상환 | 월지급				
● 판매처 : SC은행 | 청약 마감일까지 8일 남았습니다.				

★★★★★	기초자산	만기	낙인배리어	
하나금융투자 DLS 제1727회	WTI Crude Oil	1년	55% 이상	자세히보기
연 7.02%		상환조건 95-90-85	낙아웃배리어 -	MY ELS 담기 비교함에 담기 관심상품 추가
원금비보호 | 조기상환				
● 판매처 : 씨티은행 | 청약 마감일까지 5일 남았습니다.				

★★★★☆	기초자산	만기	낙인배리어	
한국투자증권 TRUE ELS 제8024회	S&P500 EuroStoxx50 Nikkei225	3년	노낙인	자세히보기
연 5.61%		상환조건 90-90-85-85-80-60	낙아웃배리어 -	MY ELS 담기 비교함에 담기 관심상품 추가
원금비보호 | 조기상환 | 월지급				
● 판매처 : 씨티은행 | 청약 마감일까지 5일 남았습니다.				

★★★☆☆	기초자산	만기	낙인배리어	
신한금융투자 DLS 제6020회	iShares China Large-cap EuroStoxx50 Nikkei225	3년	노낙인	자세히보기
연 6.30%		상환조건 90-85-80-75-70-60	낙아웃배리어 -	MY ELS 담기 비교함에 담기 관심상품 추가
원금비보호 | 조기상환 | 월지급				
● 판매처 : SC은행 | 청약 마감일까지 4일 남았습니다.				

★★★★☆	기초자산	만기	낙인배리어	
미래에셋대우 ELS 제16308회	HSI S&P500 EuroStoxx50	3년	노낙인	자세히보기
연 5.40%		상환조건 95-85-85-80-80-55	낙아웃배리어 -	MY ELS 담기 비교함에 담기 관심상품 추가
원금비보호 | 조기상환				
● 판매처 : 미래에셋대우 | 청약 마감일까지 8일 남았습니다.				

★★★★☆	기초자산	만기	낙인배리어	
미래에셋대우 ELS 제16309회	HSCE EuroStoxx50	3년	노낙인	자세히보기
연 5.00%		상환조건 90-85-85-80-80-60	낙아웃배리어 -	MY ELS 담기 비교함에 담기 관심상품 추가
원금비보호 | 조기상환				
● 판매처 : 신한은행 | 청약 마감일까지 8일 남았습니다.				

★★★☆☆	기초자산	만기	낙인배리어	
미래에셋증권 DLS 제1131회	iShares China Large-cap S&P500 Nikkei225	3년	노낙인	자세히보기
연 3.72%		상환조건 80-75-75-70-65-60	낙아웃배리어 -	MY ELS 담기 비교함에 담기 관심상품 추가
원금비보호 | 조기상환 | 월지급				
● 판매처 : SC은행 | 청약 마감일까지 8일 남았습니다.				

	기초자산	만기	낙인배리어	
★★★★☆ **NH투자증권 ELS 제13509회** **연 4.44%** 원금비보호 | 조기상환 | 월지급	KOSPI200 S&P500 EuroStoxx50	3년 상환조건 90-85-80-75-70-60	노낙인 낙아웃배리어 -	자세히보기 MY ELS 담기 비교함에 담기 관심상품 추가

● 판매처 : SC은행 | 청약 마감일까지 3일 남았습니다.

	기초자산	만기	낙인배리어	
★★★★★ **현대증권 able ELS 제1631회** **연 3.40%** 원금비보호 | 조기상환	HSI KOSPI200 EuroStoxx50	3년 상환조건 80-80-80-75-70	45% 이상 낙아웃배리어 -	자세히보기 MY ELS 담기 비교함에 담기 관심상품 추가

● 판매처 : KB국민은행 | 청약 마감일까지 3일 남았습니다.

	기초자산	만기	낙인배리어	
★★★☆☆ **한국투자증권 TRUE DLS 제732회** **연 4.41%** 원금비보호 | 조기상환 | 월지급	IShares China Large-cap S&P500 EuroStoxx50	3년 상환조건 85-80-75-70-60	노낙인 낙아웃배리어 -	자세히보기 MY ELS 담기 비교함에 담기 관심상품 추가

● 판매처 : SC은행 | 청약 마감일까지 3일 남았습니다.

	기초자산	만기	낙인배리어	
★★★★☆ **대신증권 Balance 다이렉트 ELS 제149회** **연 9.20%** 원금비보호 | 조기상환	HSCE EuroStoxx50	3년 상환조건 92-92-87-87-82-82	60% 이상 낙아웃배리어 -	자세히보기 MY ELS 담기 비교함에 담기 관심상품 추가

● 판매처 : 대신증권 | 청약 마감일까지 2일 남았습니다.

	기초자산	만기	낙인배리어	
★★★★★ **한국투자증권 TRUE DLS 제735회** **연 5.20%** 원금비보호 | 조기상환	EuroStoxx50 WTI Crude Oil	1년 상환조건 95-90-85-80	50% 이상 낙아웃배리어 -	자세히보기 MY ELS 담기 비교함에 담기 관심상품 추가

● 판매처 : 한국투자증권 | 청약 마감일까지 2일 남았습니다.

	기초자산	만기	낙인배리어	
★★★★☆ **한국투자증권 TRUE ELS 제8023회** **연 6.72%** 원금비보호 | 조기상환 | 월지급	HSCE S&P500 EuroStoxx50	3년 상환조건 95-95-90-85-85	55% 이상 낙아웃배리어 -	자세히보기 MY ELS 담기 비교함에 담기 관심상품 추가

● 판매처 : 한국투자증권 | 청약 마감일까지 2일 남았습니다.

ELS 상품에는 '낙인(Knock-in)'이라는 용어가 있다. 낙인은 원금을 손실이 발생하는 기준점을 말한다. 예를 들어, 낙인 50%라고 하면 기초자산이 기준가격 대비 50% 하락하지 않으면 원금과 애초 약정한 수익률로 원금과 수익을 지급하겠다는 의미이다.

2008년 금융위기 당시 안정적으로 높은 수익을 추구할 것으로 여겼던 ELS 상품이 대부분 낙인되면서 원금 손실을 경험했다. 반대로

2009년 변동성이 커진 시장은 기초자산을 지수로 하더라도 연 16% 내외의 고수익을 기대할 수 있었다.

ELS는 일정 목표를 달성해야 수익을 내는 구조이기 때문에 수익 창출 구조에 따라 다양한 상품이 나와 있다. 그중에서 가장 흔한 방식 하나만 소개하고자 한다. 제일 흔하게 접하는 ELS는 '스텝다운(step down)' 방식인데, 이는 기초자산의 기준가격 대비 조건 달성 평가가격이 평가일마다 내려가는 것을 말한다.

예를 들면, 기초자산은 KOSPI 200 & HSCEI(홍콩H지수), 3년 만기, 4개월마다 조기상환, 최초 도래일 기준가격대비 90-90-85-85-80-80-75-75-70 낙인 50%, 연 12%이라는 ELS 상품이 있다고 하자.

약정대로 기준일의 두 지수의 종가가 기준가격으로 결정되면 최초 도래하는 4개월 후, 조기 평가일에 기초자산의 종가가 기준가격대비 90% 이상에 마감되면 조건이 달성되어 연 12%로 4개월 치 수익을 지급하게 된다. 만약 달성되지 않으면 조기상환 조건이 충족될 때까지 다음 조기평가일로 자동 이연된다.

낙인 50%는 상품 만기까지 기초자산 중 한 자산이 50% 하락한 적이 없으면 원금+약정이자 연 12%를 지급하게 된다. 그러나 하락한 적이 있다면 두 가지 상황을 봐야 한다.

만기까지 기준가격이 70% 이상이면 약정대로 원금+연 12% 약정이자를 지급하고, 70% 미만이면 하락률만큼 원금 손실이 나게 된다는 의미이다.

여기서 중요한 것은 기초자산도 중요하지만, 마지막 조건, 특히 배리어를 고려해야 한다. 대부분 노낙인 ELS의 경우 65%, 60% 가 대부분인데 왜 그럴까? 다음 그림을 보면 이해가 가능할 것이다.

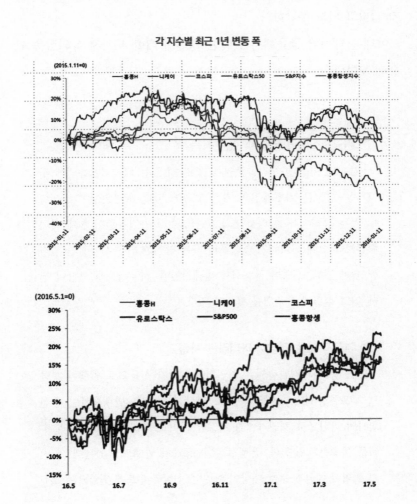

각 지수별 최근 1년 변동 폭

시중에 판매되고 있는 ELS(주가연계증권), ELT(주가연계신탁), ELF(주가연계펀드)는 비슷한 의미로 사용되고 있다. 상품을 담는 그릇, 즉 수단(vehicle)이 차이가 나는 것이지, 그 안에 담겨 있는 상품구조는 차이가 없다고 봐도 무난하다.

아래는 네이버 금융에서 발췌한 ELS에 대한 10가지 유의점을 인용해 보았다.

① 원금손실이 발생할 수 있는 상품

ELS·DLS 등 파생결합증권과 ELT·ELF 등 파생결합증권에 투자하는 상품은 기초자산의 가격 흐름에 따라 원금손실이 발생할 수 있는 상품이다. 따라서 기초자산의 미래 가격수준이 현재 가격수준보다 크게 하락하지 않을 것이라는 막연한 기대로 투자를 결정해선 안 된다. 심지어 금융회사 판매직원이 "사실상 원금보장이 된다."라고 설명해도 주의할 필요가 있다.

② 예금자 보호 대상이 아니라는 사실

ELS 등 파생결합증권은 증권회사가 자기 신용으로 발행한 무담보·무보증증권으로 예금자 보호 대상이 아니다. 발행회사인 증권회사의 파산으로 채권자에게 지급할 돈이 부족하면 투자원금과 수익을 돌려받지 못한다. 은행·보험사 등에서 판매하고 있는 ELT 및 ELF 역시 예금자 보호 대상이 아니며, 신탁과 펀드에 편입되는 ELS

를 발행한 증권사의 신용위험에 노출되어 판매회사의 신용과는 별개로 편입된 ELS 발행 증권사의 신용등급도 고려해야 한다.

③ 손익 발생조건과 기초자산에 대한 이해는 필수

파생결합증권은 기초자산의 가격 흐름에 따라 손익(수익률)이 결정되는 만큼 손익 발생조건을 확실히 이해하고 투자해야 한다. 또한, 기초자산의 현재 가격수준, 과거 장기간에 걸친 가격추세, 향후 가격 전망 등에 대해 충분히 살펴보고 투자를 결정하는 게 바람직하다. 본인에게 익숙하지 않은 외국 주가지수나 가격수준에 대해 잘 알지 못하는 기초자산을 이용한 상품에 대한 투자는 신중히 해야 한다.

투자자에게 익숙한 국내 주가지수가 아닌 외국 주가지수를 기초로 하는 경우 해당 지수 변동에 다양한 변수(해당 국가의 경제·정치 상황 등)가 영향을 미칠 수 있다는 점을 충분히 고려해야 한다.

예를 들어, HSCEI는 금융업 비중이 약 68%(7월 말 기준)에 달해 중국 금융업의 상황이 악화될 경우 HSCEI에 부정적인 영향을 미친다. 또 EuroStoxx50의 경우 유로존 7개 국가 50개 기업주식으로 구성돼(6월 말 기준) 유로존의 경제 상황 등이 악화될 경우에 부정적인 영향을 받는다.

④ 기초자산의 수가 많을수록, 제시수익률이 높을수록 위험

파생결합증권의 기초자산이 여러 개일 경우 하나라도 손실 발생 조건에 해당하면 손실이 발생한다. 따라서 기초자산의 수가 많아지면 그만큼 충족해야 할 조건이 많고 수익으로 상환되는 조건의 달성 확률이 낮아져 손실위험이 높아진다. 일반적으로 여러 개의 기초자산을 사용하는 상품의 제시수익률이 1개의 기초자산만 사용하는 경우보다 높지만 손실 가능성도 더 높다. 높은 제시수익률은 그만큼 위험이 높다는 것을 의미한다. 수익률만을 보고 투자하기보다는 상대적으로 높은 제시수익률에 따르는 높은 위험성을 이해하고 투자 여부를 결정해야 한다. 파생결합증권의 제시수익률은 일정 조건을 충족해야 지급하는 것으로 조건의 충족 여부는 누구도 알 수 없다.

⑤ 손실 규모 큰 꼬리 위험 주의

파생결합증권은 이익으로 상환될 확률이 높도록 설계되었지만, 손실이 발생할 경우에는 손실 규모가 커지는 꼬리 위험(Tail Risk)이 있는 상품이다. 자본시장연구원의 연구 결과 2003~2015년 손실 상환된 ELS의 평균 실현손실률은 37.28%로 나타났다.

⑥ 중도 환매(상환) 시 원금손실 위험

파생결합증권 투자 기간에 중도에 상환을 신청할 경우 해당 시점에 산정되는 중도상환가격(헤지 포지션의 청산 등에 따른 비용을 고려해 공정가격의 일정 비율로 정해짐)에 따라 원금손실이 발생할 수 있다. 따라서 투자설명서 등을 통해 중도상환 절차와 중도상환가격 결정방법 등에 대해 사전에 확인하고 투자해야 한다.

⑦ 조기상환은 정해진 조건 충족 시에만 가능

대부분 파생결합증권이 일정 기간마다 조기상환이 가능하도록 설계되지만, 조기상환은 해당 시점에 발행 당시 미리 정해진 조기상환 조건을 충족해야만 가능하다. 이에 따라 조기상환을 예상하고 단기 필요자금을 투자하기보다는 만기를 기준으로 투자 기간을 설정하고 만기까지 자금의 여유가 충분한지 고려한 후 투자하는 것이 바람직하다.

⑧ 기초자산의 가격회복 기간 한정

파생결합증권은 개방형 펀드, 주식과 달리 만기가 정해진 상품이다. 투자 기간 중 기초자산 가격이 손실 발생조건 수준으로 하락할 경우, 기초자산 가격이 손실을 보지 않고 상환될 수 있는 수준으로 회복할 수 있는 기간이 한정됐다. 따라서 정해진 기간 내에 기초자산의 가격이 회복되지 못할 경우에는 손실감수가 불가피하다.

⑨ 예금으로 알다간 낭패

은행·보험사 등에서 판매하는 ELT(주가연계특정금전신탁) 및 ELF(주가연계펀드) 등도 신탁과 펀드에 ELS를 편입하는 상품으로 예금이 아니다. 사실상 ELS에 투자하는 것과 동일한 위험을 갖는다. 은행에서 판매한다고 해서 예금으로 알고 투자하는 것은 금물이다.

ELS의 장점으로는

1. ETF와 마찬가지로 변동성에 투자하는 상품이다. 더욱이 ELS는 사전에 계약된 일정 구간까지 떨어지더라도 오히려 계약에서 정한 확정 쿠폰(이자)을 지급한다.

사실 상식적으로는 말이 안 되는 부분이지만, 파생상품인 옵션을 결합해 만든 구조라고 간단히 이해하면 좋겠다.

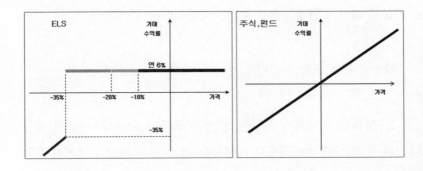

대신, 옵션 결합과정에서 가격이 많이 오르더라도, 수익률은 사전 계약에서 정한 수익률로 제한을 받기 때문에 떨어져도 수익을 주는 부분과 연계해서 상품이 만들어질 수 있는 것이다. 투자자 입장에서는 추가 수익을 포기하는 대신, 혹시라도 떨어지더라도 예측 가능한 수익을 확보할 수 있다는 장점이 있다. 이러한 특성 때문에 중위험·중수익으로 인식되어 있는 것이다. 하지만, 투자등급은 손실이 있을 경우 과도한 손실이 발생할 수 있으며, 파생결합상품이라는 등의 이유로 최고위험상품으로 분류되어 있다.

2. 펀드나 주식은 수익률 예측이 어려운 반면, ELS는 사전에 확정된 수익을 예상할 수 있다.

3. 선택의 폭이 넓다. ELS 리스트에서 볼 수 있듯이 매주 다양한 ELS 상품이 발행된다. 따라서, 투자자 성향과 목표수익률, 목표 기

간을 고려하여 선정하기에 적합한 상품이라는 점이다.

 반면에 단점 또한 많은데,

 1. 상품을 이해하기 어렵다. 이익 구조뿐만 아니라, 지수에 대한
이해 등 ELS를 전반적으로 이해하는 데 다양한 지식과 경험이 요구
된다는 점이다. 특히, 일반인의 경우 평소 익숙지 않은 해외 지수 등
이 자산으로 편성되어 있으므로 불안해 할 수 있다.

 2. 중도환매가 어렵다. 즉, 펀드나 주식은 필요할 때 환매를 통해
현금화가 가능하지만, 일반적으로 ELS는 정해진 만기나 조기상환
전에는 현금화하는 데 제약이 따른다.

 3. 손실 발생 시 큰 손실을 겪을 수밖에 없다. 일반 펀드와 주식
과 달리 위험을 받아들이기 어려워하는 경우가 ELS 가입 고객에서
발생한다. 충분한 위험 고지가 없었기 때문이다.

 위 장단점 이외에도 조기상환 시 재투자 위험이 있는데, 이는 환
매된 시점에서 재투자 환경이 좋은가, 나쁜가에 따라 투자자가 보는
관점에서 장점으로 작용하기도 하고, 단점으로 인식되기도 한다.

종합적으로 정리하면, ELS를 위험을 줄이는 중위험·중수익 측면에서 고려해 본다면 종목형, 낙인형 상품보다는 지수형, 노낙인형 상품 중에서 선택하고, 기초자산 중에서 가장 변동성이 큰 지수가 낮은 구간대일 때 적정 수익률인지 확인해 보고 투자하는 것이 가장 유용해 보인다.

　ELS는 투자자 사이에서도 선호도가 명확한 만큼 이 책에서는 특정한 의견을 주기 어렵다.

　다만, 펀드나 주식을 대체할 수 있는 구조화된 상품이며, 중위험·중수익적인 측면이 존재하는 만큼 적절한 비중 내에서 각 투자자산의 변동성 및 고점, 저점 여부를 판단해 보고, 투자성향에 따라 투자해 보는 것도 고려해볼 만하지 않을까 한다.

5. 당신은
중산층입니까?

🥮 중산층이 무너지고 정부는 서민, 중산층을 살리기 위한 각종 정책을 내놓겠다고 공약한다. 그런데 정작 당신은 실제 중산층인가?

저자는 예전에 한국경제TV에 출연하여 이 부분에 관해 방송한 적이 있다. 아니나 다를까? 중산층이라고 스스로 생각하는 사람들이 점점 더 줄어들고 있다. 이는 우리 경제를 뒷받침할 수 있는 체력이 점점 더 약해지고 있다는 것이어서 문제가 될 수 있다. 단순히 부익부 빈익빈이라는 개념으로 가벼이 여길 일이 아니다. 중산층의 몰락은 국가 경제 부담으로 이어져 결국 우리가 모두 빈곤층으로 몰락할 수 있다는 점에서 심각성을 인식해야 한다.

우리나라에서 중산층의 기준은 무엇일까? 어떤 사람들이 중산층일까?(조선일보에서 발췌)

특징적인 것은 우리나라의 중산층의 기준이 모두 숫자로 표현된다는 점이다. 즉, 돈의 힘에 너무 중심이 맞춰져 있다는 점이 더더욱 슬픈 현실을 만든다. 위 4가지를 모두 충족하는 경우가 중산층이라면 독자 여러분은 과연 중산층인가? 한번 되짚어 봤으면 한다.

대한민국의 중산층 기준

그럼 다른 나라들의 중산층 기준은 어떠한가?

우선 미국의 예는 이러하다.

미국의 중산층 기준

다음으로 하나 더, 프랑스의 경우를 알아보면,

뭔가 우리와 다르다는 점을 명확히 알 수 있다. 반대로 숫자적인 내용이 없다.

삶의 질과 의미에 보다 초점이 맞춰져 있다.

우리는 언제 이렇게 될 수 있을까를 논하고 싶진 않다. 슬픈 현실이나, 이 글을 읽고 있는 독자분들 역시 해외이민을 가지 않는 이상 우리나라에서 살아야 할 것이며, 그렇다면 최소한 중산층 이상으로 살기를 원할 것이다. 최소한 중산층으로 살기 위해 빨리 목돈을 만들자. 그래서 중산층이라고 얘기하는 재무상태로 빨리 진입하거나 유지하도록 하자.

6. 신입직원
20대 재정관리

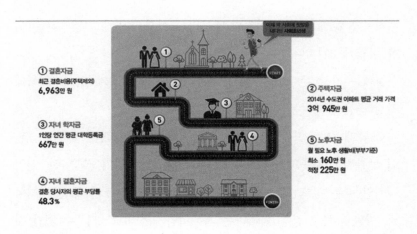

① 결혼자금
최근 결혼비용(주택제외)
6,963만 원

② 주택자금
2014년 수도권 아파트 평균 거래 가격
3억 945만 원

③ 자녀 학자금
1인당 연간 평균 대학등록금
667만 원

④ 자녀 결혼자금
결혼 당사자의 평균 부담률
48.3%

⑤ 노후자금
월 필요 노후 생활비(부부기준)
최소 **160**만 원
적정 **225**만 원

　'단군 이래 최대 스펙을 가지고 있어도 취업은 낙타가 바늘구멍 들어가기보다 어렵다'라는 얘기를 종종 하곤 한다. 그만큼 취업이 되고 나면 그 기쁨은 무엇에도 표현하기 어려우리라.

　그래서인지, 취업하고 나면 첫 월급을 타고 나면 전통적으로 부모님께 용돈이나 선물을 사 드리고, 나머지는 그동안 고생한 본인을 위해 아낌없이 지출하는 경우를 종종 본다. 문제는 이런 소비습관이 초기 몇 달에 제한되지 않는다는 점이다.

한번 들여진 소비습관은 늘면 늘었지, 줄이기는 매우 힘들다. 특히, 신용카드를 사용하고 있는 사람이라면 더 실감할 것이다.

신입직원일 때 받았던 월급의 다소를 떠나, 소비의 기쁨에 취해서 저축하지 않는다면 그들의 미래는 불 보듯 뻔하다.

저자가 20대 혹은 신입직원 때부터 자산관리에 대해 강조하는 이유는 크게 3가지다.

첫째는 가장 돈 모으기 좋은 때이다. 즉, 재무설계를 시작하기에 가장 좋은 시기라는 것이다.

젊을 때 쓰는 지출효용이 가장 큰 것도 사실이지만, 저축의 습관이 무분별한 지출의 습관보다 중요한 점을 잊지 말자. 결혼 전, 신입직원일 때는 부모님과 거주하는 경우 더욱 돈 모으기 좋은 시기이다. 지출의 큰 부분을 차지하는 거주비와 외식비를 줄일 수 있기 때문이다.

저축하는 금액은 쓰고 남은 금액을 하는 것이 아니라, 미리 빼놓아야 한다. 결혼 전엔 소득의 70%, 결혼 후엔 50%를 저축해 보자. 너무 무리인가? 70~50이 무리라면 50~30으로 수정하더라도 저축을 미루지 말자.

둘째는 이 시기에 지출습관을 잘 들어야 한다. 다이어트와 동일하게 지출통제는 고통이 수반한다. 하지만, 잘못된 지출습관이 줄 미래의 고통에 비하면 적은 고통임을 명심해야 한다.

특히, 신용카드를 체크카드나 현금을 쓰는 습관을 이 시기에 꼭 들여야 한다. 아낀다고 해서 사는 것이 비참해지거나 삶의 질이 생각보다 확연히 떨어지지는 않는다. 오히려 준비하지 않은 삶으로 인한 향후의 비참한 삶과 미래의 삶의 질을 생각해 봐야 한다. 지출을 통한 고통보다 저축액의 증가로 인한 안정감과 행복이 더 크다.

셋째는 인생 전반의 자산관리에 있어 첫 스타트가 되는 경우가 많기 때문이다.

[생애주기별 재무 목표의 예]

생애 단계(Life Stage)별 주요 자금 운용 니즈				
• 모방소비 • 부모 의존 • 예금, 용돈 관리	• 학자금 마련 • 신용카드 사용 • 결혼비용 마련 • 전세자금 마련 • 자동차 구입 • 재테크 관심 • 보험 가입	• 재무설계 관심 • 주식 투자 • 부동산 투자 • 주택 구입/확장 • 자녀 교육비 • 사업 대책 • 건강관리	• 여유자금 운용 • 재무설계 변경 • 건강관리, 여행 • 주택 교환/확대 • 부동산 운용 • 사업확장 자금 • 노후대비 본격화	• 사업승계 • 상속 및 증여 • 절세 플랜 • 신탁 및 사회기증 • 재무 설계 • 건강관리, 여행
0세 10세	20세 30세	40세	50세 60세	70세
학생기 소유지향 소비기	사회초년기 정기적 수입 발생기	가족형성기 자산형성기	장년기 자산배분/운용기	노후생활기 자산관리/상속기

부자가 되기 위한 전략을 시작해야 한다. 그 전략을 이루기 위한 전술은 수정·변경될 수 있겠지만, 생애주기별 재무 목표를 정해보는 것이 꼭 필요하다. 계획 없는 삶과 계획적인 삶이 주는 차이는 잔소리처럼 전달하지 않아도 되리라 생각한다.

대부분은 '쥐꼬리만 한 월급인데 뭘 저축해?'라고 할 것이다. 근데 어떤 사람들은 쥐꼬리만 한 월급에서 공룡의 자산을 만들어간다.

하나씩 실행방법을 연구해보자.

첫 번째, 부채가 있는 경우 부채상환을 계획해야 한다. 부채는 금리에 따른 부담 여부와 관계없이 빨리 없애야 심리적 안정뿐만 아니라 저축 가능액을 늘릴 수 있다. 특히, 요즘엔 사회초년생인 경우에도 대학 다닐 때 받은 학자금대출, 생활안정 목적자금 대출을 보유하고 있는 경우가 많다.

이럴 경우, 월급 중 일부를 투자해서 대출을 빨리 갚고 싶어 하는 경우도 있겠지만, 대출부터 상환하는 것을 권장하고 싶다. 그 이유는 명확하다. 스케줄에 따라 대출을 갚고 나면 자연스럽게 소비통제가 가능하지만, 저축의 경우 중간에 다른 소비로 진행될 위험이 있기 때문이다. 그래서 소위 마이너스 통장을 빨리 없애는 것이 현명한 방법이다.

마이너스 통장이란 대출한도를 정해 놓고 그 안의 범위에서 입출금이 자유로운 형태이나 일반 이자지급식, 또는 분할방식 대출보다

이자율이 0.3~1% 더 높은 경우가 많고, 대부분은 한도 내까지 사용하는 경우가 많다. 따라서 편리하다는 이유로 마이너스 통장을 보유하는 순간 당신은 부자가 될 확률이 없어진다고 해도 과언이 아니다.

두 번째, 자동차 구매를 최대한 미루자. 자동차는 현대사회를 살면서 꼭 필요한 교통수단이자, 생활수단임은 틀림없다.

하지만 사회 초년기에 자동차를 할부로 구입하는 순간 소비통제가 안 될 가능성이 매우 크다. 따라서 업무와 연관되지 않은 데이트와 편리함을 위한 자동차 구매를 미루자. 그렇게 되면 할부로 인한 원리금뿐만 아니라, 유류비, 자동차세, 심지어 불필요한 외식 지출도 발생하지 않게 된다.

세 번째, 소득·지출관리를 시작하자.

특히, 보너스(상여금)를 지출보너스로 생각하지 말자. 보너스는 저축을 위한 보너스로 생각하자. 매달 힘들게 살아오다 받는 보너스는 지출하는 데 있어 달콤한 유혹 그 이상이다.

하지만 나중에 나이가 들었을 때 '보너스라도 모았으면.'이라는 후회를 하지 말자.

보너스 외에 월급을 잘 파악하자. 실 급여를 정확하게 파악한 후에 고정지출로 휴대전화료, 공과금, 보험금, 저축금액 등을 하나의 통장에 매월 자동이체로 빠져나가게 정한 다음, 비고정지출(변동지출)로 생활비, 식비, 교통비, 경조사비 등을 파악하고 신용카드 사용에 대해 억제하는 습관이 필요하다. 대출의 늪보다 더 무서운 것이 신용카드의 노예가 되는 것이다.

신용카드 사용 습관을 없애기만 해도 지출이 줄어든다는 여러 실험이 있다. 그중 하나를 인용해 보려 한다.

1986년 미국 퍼듀대학교 소비심리학과 교수가 신용카드가 소비 형태에 어떠한 영향을 미치는지에 대한 연구를 하였다.

두 실험실을 준비했는데, 한 실험실에는 신용카드 로고가 표시되어 있었으나 신경 쓰지 말라고 하고, 다른 실험실에는 아무 표기가 없었다. 그러고 나서 다양한 제품의 사진을 제시하면서 "얼마나 지급할 의사가 있는가?"라는 질문을 했다.

그 결과 신용카드 로고가 있는 실험실에서 답변한 피실험자에게서 세 배가 넘는 액수를 제시하는 놀라운 결과가 나왔다.

또한, 더욱 발전시켜 좀 더 실제적인 실험을 하였는데, NBA 농구관람 티켓을 실제 경매로 하여 대학생들에게 판매하는 실험을 하였는데, 두 집단으로 나누어 한 집단은 무조건 현금결제를 해야 하고, 다른 한 집단은 무조건 카드결제를 해야 한다고 지시하였다.

그 결과 입찰가격이 현금 결제한 쪽에서는 평균 28.51달러, 카드

결제를 한 집단에서는 60.24달러로 2배 이상 차이가 나는 결과가
나왔다.

1997년 또 다른 심리학연구는 마찬가지로 두 집단으로 나누었
고, 현금과 신용카드 사용으로 나누어 실험하였다. 각 상품에 대해
결제를 하고 나서 가격을 기억하는지에 대한 실험이었는데, 현금으
로 결제한 쪽은 가격을 거의 다 기억을 하고 있었고, 카드결제를 한
집단의 경우는 가격을 거의 기억하지 못한다는 결과가 나왔다.

즉, 이러한 실험을 통해 알 수 있는 것은 신용카드 사용 시에 다른
결제수단을 이용하는 것보다 지출에 대한 인식이 관대해진다는 것
이다. 비단, 이러한 실험이 아니더라도 흔히 경험할 수 있는 것을 말
하자면 마트나 백화점을 갔을 때, 지갑에 현금만 있는 경우와 신용
카드도 있는 경우 실제 구매하는 물건의 양이 차이가 난다는 점을
우리 모두 알고 있다.

이외에도 2015년에 MBC 다큐스페셜에서는 「카드냐, 현금이냐?」
뇌 메커니즘의 차이」, 「신용카드는 빚이다」라는 프로그램을 통해 신
용카드가 과도한 지출로 연결되고, 카드를 쓰는 사람들의 습관을 다
룬 바 있다.

마지막으로, 불필요한 보험에 가입하지 말고 꼭 필요한 보험은 미리 준비해 두자.

신입직원이 되면 카드 발급 유혹뿐만 아니라, 어디선가 보험가입에 대한 유혹도 다가온다. 본인이 느끼는 경우 이외에도 주위에 많은 동료, 지인이 보험에 대해 추천하곤 한다. 하지만 자동차 보유 시 의무 가입인 자동차종합보험, 민영건강보험인 실비보험을 제외한 모든 보험은 지출로 생각했으면 한다. 젊을 때 가입해야 유리하다는 종신보험, 변액보험, 연금보험에 대해서도 보수적인 관점이 필요하다. 그 이유는 한마디로 보험가입목적 및 사업비 부담 때문이다.

앞서 언급했지만, 보험의 본질은 저축이 아닌 위험대비이다. 예금도, 펀드도, 적금도, 보험에 대해서도 상품의 본질을 항상 생각하자.

특히, 종신에 가입하게 되면 대부분의 주보험이 사망 시 지급되는 보험금에 맞춰져 있는 데, 젊을 때 사망률이 과연 보험으로 대비해야 할 정도일까 생각해볼 문제이며, 장기투자 목적이나 연금 목적으로 보험을 고려해 보더라도 펀드나 저축 형태보다 비용이 과도한 경우가 대부분이므로, 장기적인 관점에서 더더욱 유용하지 않을 경우가 많다.

따라서 이 시기엔 실비보험 이외의 보험료를 아껴서, 연말 정산 관련 유용한 주택청약과 연금펀드 및 장기투자상품 위주로 저축하기를 권장하고 싶다.

7. 신혼부부의
   재정관리

⚛ 언제부터인가 젊은 신혼부부 사이에서 dink(double income, no kids) 족이라 해서 맞벌이에 아이 없는 가정이 늘고 있다. 이는 불안정한 사회 현상을 대변하는 부분인데, 소중한 아이를 경제적인 이유로 낳지 않겠다는 것이 더욱 안타깝다.

딸이 있는 저자로서 경험컨대, 자녀의 출생은 어쩌면 건전한 소비·지출관리를 시작하게 만드는 계기가 되기도 한다.

많은 부부들이 아이가 태어나는 것이 계기가 되어 지출을 아끼고, 담배를 끊거나 술을 덜 마시게 되는 요인이 되는 것을 볼 수 있다. 그런데 아이를 낳지 않는 것은 향후 경제적인 부담, 즉 생활비 증가, 사교육비 부담 등이 되기 때문일 텐데, 그래서 갓 결혼한 신혼부부 때부터 재정관리에 대한 설계를 미리 준비하면 좋다.

많은 준비 없이 아이가 생겼다 하더라도 너무 부담을 갖지 않았으면 한다. 우리가 오해하는 것 중의 하나는, 아이가 생기면 아이를 위해서 넓은 아파트로 이사를 하거나 보다 좋은 자동차를 사거나 비싸고 좋은 옷을 입혀야 한다고 생각한다. 하지만 잊지 말자.

아이는 집의 크기나 자동차의 크기가 아니라 부모의 사랑으로 자란다.

그래서 아래와 같이 다른 전문가의 의견을 빌려 보려 한다.

현재 통장과 잠재력 통장

통장 종류	현재 잔고	장래 가능성
재정 통장	월급과 저축액	• 경제 변화에 적응할 수 있는 능력 • 성실하고 노력하는 태도 • 검소하고 저축하는 습관
건강통장	젊음, 질병 없음	• 건강한 라이프 스타일(식습관, 음주와 흡연 습관 등) • 유전적 질병을 보유하지 않음 • 안전에 대한 감각과 주의
정서 통장	성격과 유머 감각	• 유아기와 아동기의 성장 환경 • 부모의 양육 방식 • 본인의 성숙도와 노력하는 자세 • 여유롭고 너그러운 심성 • 창의적인 문제 해결 능력 • 적응력과 순발력 • 진실한 마음 • 긍정적인 사고방식
도우미 통장	혈연, 지연, 학연	• 주고 받을 줄 아는 능력 • 남을 배려할 줄 아는 마음 • 지도력 • 협동심 • 감사하는 마음 • 커뮤니케이션 능력 • 포용력

『부부 사이에도 리모델링이 필요하다(최성애, 2005)』

특히, 정서통장을 잘 활용하자. 부부 간에 아이와의 관계 속에서 가장 중요한 것은 가족 간 사랑하는 마음과 서로에 대한 진실한 마음이다.

정리하면, 신혼부부 시기에 금융 어드바이저를 두어야 한다.

금융기관 직원이 아니라, 당신 관점에서 철저히 고민해줄 재정전문가를 말한다.

예전처럼 예금금리만 10%가 넘던 고금리시대나 부동산 경기가 좋았던 시절에는 금융 어드바이저가 덜 필요했을 수 있다. 그런 시절에는 친절함, 가까운 거리 등이 중요한 요소였기에 금융기관이 지점을 확대하던 시기라고 할 수 있다. 하지만 현재처럼 저금리 시대, 정보화 시대에서는 투자가 선택이 아니라 필수가 되어버린 시대이며, 맞춤 양복처럼 자신에게 맞는 금융 어드바이저를 만나서 건전한 자산 증식을 해야 하는 것이 중요하다.

8. 개인사업자의 재정관리

💿 자영업자들이 점점 더 정착하기 어려워지고 있다고 주위에서 많이 얘기하곤 한다.

왜일까? 베이비붐 세대들이 은퇴를 시작하면서 치킨집, 김밥집 등 프랜차이즈 사업에 뛰어들거나 기타 자영업자들이 점점 많아져서 경쟁이 심해 제 살 깎아 먹기를 해서일까?

실제 통계자료를 보면 그것이 이유가 아닌 것 같다.

IMF 이전에 700만 명이 넘었던 자영업자 수가 2016년 기준 550만 명 정도로 오히려 감소하였다. 자영업자들 간의 경쟁 때문이 아니라, 대기업 위주로 편성된 국내 산업 시스템이 자영업자들이 점점 살아가기 힘든 구조로 만들고 있는 것이 아닐까?

우리나라 GDP(국내 총생산)는 2015년 기준 세계 11위이나, 1인당 GDP는 28위에 머무르고 있다. 이는 대기업의 생산비중이 압도적으로 크기 때문인데, 스타트업 기업들이나 중소기업이 체질적으로 탄탄하게 구성되지 않는 한 대기업 편중 현상은 더더욱 심화될 것이며, 자영업자들의 정착은 점점 더 어려운 과제로 남게 될 것이다.

이런 환경 속에서 자영업자들이 살아남기 위해서는 스스로 사업관리가 필요하며, 모든 사업의 핵심이 돈 문제 해결에 있는 만큼 철저한 자금관리를 통한 위기관리가 더욱 필요하다고 생각된다.

먼저 자영업자들의 경우 제기할 수 있는 첫 번째 문제점은 사업자금과 개인 자금을 구분하고 있지 않다는 것이다.

이를 구분해야 하는 이유는 무엇일까?

첫 번째 이유는 구분을 하지 않는다면 소득·지출관리를 제대로 하지 못하기 때문이다.

두 번째는 사업 리스크로 인해 가정의 평화와 안녕이 깨질 수 있기 때문이다. 저자 역시 사업의 길로 뛰어들었지만, 적은 규모이든, 큰 규모이든 사업하는 오너가 가진 생각은 크게 다르지 않을 것인바, 내 사업은 언제라도 위기가 있을 수 있고, 그 위기가 내 소중한 가족의 삶에 연결되지 않았으면 하는 마음을 가지고 있을 것이다.

가장 흔한 예로, 개인 재산의 명의를 배우자나 가족 명의로 하는 경우라든가 리스크가 확연해질 경우, 위장이혼을 미리 해놓는 경우 등 다양한 예를 들 수 있다.

그렇다면 우선적으로, 사업 관련한 자금과 가정경제를 유지하는 돈의 흐름을 구분하는 습관을 지녀야 한다.

세 번째는 노후생활에 대한 준비가 매우 부족한 경우가 많다는 점이다. 이는 사업을 통한 부의 확대가 결국 미래를 준비하는 가장 좋은 방법이라고 생각하는 측면 하나, 또 하나는 직장인과 달리 퇴직연금에 대한 강제적 저축 내용이 없기 때문이다. 이를 일부라도 보완하기 위해 노란우산공제라는 제도가 도입되어 있다.

노란우산공제는 소기업·소상공인이 매월 일정 부금을 납부한 뒤 폐업, 사망 등의 생계위협으로부터 생활안정과 사업 재기 기회를 받을 수 있도록 중소기업협동조합법 제115조에 따라 중소기업중앙회가 관리·운용하고 정부기관인 중소기업청이 감독하는 공적 공제제도이다.

86만 명에 달하고, 부금 누적액이 5조 원 돌파했다고는 하나, 아직도 이를 잘 활용하는 개인사업자가 뜻밖에 적다는 점은 상담 사례를 통해 저자가 느끼고 있는 점이다. 노란우산공제뿐만 아니라 근로자에 비해 적은 국민연금, 퇴직연금을 대체할 수 있는 개인연금을 별도로 준비해야 한다.

자영업자가 미래를 따로 준비해야 하는 것은, 사업 역시, 굴곡이 있기 때문이다.

따라서, 향후 닥칠 수 있는 미래에 대해 미리 준비하는 지혜가 필요하다.

그리고 상담하다 보면 사업에 집중한 나머지, 돈의 관리를 제대로 못 하는 경우가 허다하다. 사업의 가장 큰 리스크가 돈이며, 가장 핵심적인 요소임에도 금융을 업으로 하지 않은 이상 돈을 잘 관리·운영하는 방법을 모르는 경우가 많은 것이다.

일반적으로 자영업자들의 돈 관리가 어려운 이유 중 가장 대표적이며, 일반적인 또 하나의 이유는 수입·지출이 불규칙하기 때문이다.

직장인과 달리 사업 현황에 따라 큰 편차가 발생하기 때문인데, 그러기에 평균적인 소득·지출 파악이 매우 중요하다. 사업자금을 운용하다 보면 거액의 자금이 들어오기도 하고, 나가기도 하며, 집행할 자금이 일정 기간 동안 모자라서 마이너스 통장을 활용하거나 상황에 따라서 비싼 이자를 기꺼이 사용하기도 한다.

그래서 더더욱 저축하기 어려운 환경에 쉽게 노출되는데, 우선 통장을 기업 통장과 개인 가계부 통장을 구분해서 매월 정기적인 금액을 이체함으로써, 소득과 지출을 스스로 통제할 수 있다. 자영업자와 상담을 진행하다 보면 소득을 제대로 파악하지 못하는 경우가 대부분인데, 이럴 경우 가장 간단히 파악해보는 방법으로는, 매월 평균적으로 얼마씩 배우자에게 생활비를 주는지를 보면 가늠할 수 있다.

예를 들어, 가계소득이 평균 300만 원이라 할 때, 이번 달 사업소득이 350만 원이라면 300만 원은 가계소득으로 잡고, 나머지 50만

원은 여유자금 통장으로 보내는 것이다. 그다음 달 만약 사업소득이 250만 원이 되었다면 모자란 50만원은 여유자금 통장에서 빼서 가계부 통장으로 이체하면 된다.

자영업자 돈 관리 요령을 다시 정리해 본다.

1. 현금 흐름을 제대로 파악하자.

운영자금을 위한 예비비 통장을 잘 활용하자. 또 하나 자영업자와 상담하다 보면, 입출금 통장에 거액 자금이 그냥 머물러 있는 경우가 많은데, 자금 결제를 위한 자금이든, 여유자금 용도의 예비비 통장이든 간에 금리가 지급되지 않은 일반 통장보다는 1~2%라도 MMF(혹은 MMT, CMA) 통장을 활용하여 몇만 원, 몇십만 원이라도 쉽게 생각하지 말고 만들어가는 지혜도 필요하다.

2. 스스로 준비하는 노후

직장인의 경우 국민연금과 퇴직연금, 개인연금으로 노후를 준비하는 경우가 많다. 하지만 자영업자의 경우 퇴직연금이 없기 때문에 노후의 기초생활 보장을 위해 국민연금을 이용하고 노후의 여유 있는 삶을 위해 노란우산공제뿐만 아니라, 개인연금의 비중을 높여 미리미리 노후를 준비하자.

3. 자영업자의 재테크 계획

자영업자는 매달 같은 수익이 있는 것이 아니므로 보다 꼼꼼하게 재테크 계획을 세워야 하며, 세금을 줄일 수 있는 계획도 필요하다. 먼저 세금을 줄이는 방법으로는 매달 세금계산서와 거래처 경조사 등 증빙서류를 꼼꼼히 챙기고, 소득세와 부가가치세에 대한 신고를 신경 써서 진행하자. 자영업자는 직장인보다 큰돈을 벌 기회가 많지만, 안정적인 직업이라고 하기 힘들기 때문에 재테크를 할 때도 리스크가 큰 상품보다는 더욱 안정적인 투자상품을 이용하는 것이 좋다. 안정적인 상품이라고 예·적금만 고수하다 보면 물가상승률에 대비할 수 없으며, 자본주의 시대에서 자본도 노동을 해서 자금을 늘릴 수 있도록 전문가와 상의해서, 안정 투자형 상품(예를 들면 국·공채 펀드 등이 가장 대표적)을 포트폴리오를 구성해서 자금부담을 줄이고 사업에 집중할 수 있도록 하자. 아무리 재테크와 투자가 잘 되었다 하더라도 운영하던 사업이 잘되지 않으면 모든 것을 망치는 법이다. 따라서 돈 관리는 재정 전문가의 도움을 받도록 하자. 돈 관리는 모두에게 필요하지만, 실무적으로 느끼는 점은 자영업자들이 소비지출관리에 일반 직장인보다 소홀한 면이 많은 점이다. 정리하자면 자영업자의 경우 보다 세밀한 소비지출관리가 필요하다.

9. 행복한
은퇴 생활

💾 CFP(국제공인 재무설계사) 시험을 준비해 본 분들은 느끼셨겠지만, 많은 내용이 은퇴에 집중되어 있다.

이유는 재무설계라는 것이 궁극적으로 미래를 준비하고 지금 당장 보다는 향후 미래의 삶의 행복에도 많은 관심을 두고 있기 때문이다.

삶 자체가 소비활동인 점에는 누구나 공감할 것이다. 삶을 유지하기 위해 우리는 의식주를 기본으로 하여 문화생활 등 많은 지출을 하고 있다.

나이가 들어 경제활동을 적극적으로 하지 않더라도 최소한의 삶을 유지하고 건강을 유지하기 위해서는 상당한 돈이 필요하다.

이에 대한 준비가 되어 있지 않으면 항상 불안해해야 정상인데, 은퇴 후 삶을 미리 준비하는 사람은 그렇게 많지 않다. 독자 여러분들은 어떠한가?

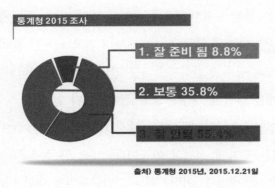

출처) 통계청 2015년, 2015.12.21일

은퇴와 이사의 공통점은 어느 정도 예상 가능한 이벤트임에도, 막상 눈앞에 닥치기 전에 잘 체감하지 못한다는 것이다.

그리고 굉장히 먼 미래의 일로 생각해 버리고 지금의 소비에 만족한다는 것이다.

그렇다면 미래를 준비하는 것과 현재 소비를 하는 것과 어느 것이 더 행복할까?

정답은 미래를 준비하는 삶이 더 행복하다는 점이다. 현재 즐겁게 소비를 하는 사람들은 당장의 즐거움을 추구하지만, 닥칠 미래가 현실이 될 때 그 고통은 몇 배로 되돌아올 것이다. 지금 소비를 줄이고 미래를 준비하는 사람은 당장은 고통스럽겠지만, 미래가 준비되는 과정에서 행복과 안정을 느낄 수 있다.

행복한 은퇴 생활을 위해 우리는 무엇을 할 것인가? 당연히 평소 저축습관을 통한 노후대책을 미리미리 해야 한다. 여기에 추가하자면, 우선 우리나라의 연금구조 형태부터 짚고 넘어갈 필요가 있다.

우리나라의 경우 일반적으로 3층 연금구조를 얘기하지만, 저자는 추가로 2개를 더한 총 5층 구조를 설명하고자 한다.

1층 국민연금은 공적연금이라 해서 대한민국 대다수가 의무적으로 가입하는 강제적 성격의 연금이다. 가장 큰 특징은 물가상승률을 반영한다는 점인데, 이전부터 국민연금재원에 대한 미래 고갈 이슈가 있지만, 이 책을 읽고 있는 독자라면 꼭 국민연금 가입금액을 최대한 불입해야 한다.

2번째 보장구조는 퇴직연금이며, 1층과 2층으로 해결되지 않는 연금부족액은 사적 연금인 개인연금을 통해 보충하게 되어 있다. 즉,

은퇴 후 만약 현재 물가 기준 3백만 원을 매월 수령하기 원할 경우, 1층 국민연금과 2층 퇴직연금으로 인한 월 예상 지급액이 230만 원이라면 모자란 70만 원을 매월 나오게 할 수 있는 개인연금 가입이 필요하다.

현재 우리나라 기은퇴자 및 은퇴예상자 자산의 70~80%는 부동산으로 과도하게 구성되어 있어, 향후 일본처럼 부동산 거품이 꺼질 경우 많은 사회 문제를 일으킬 수 있다. 그 전에 혹시 주택을 보유하고 있다면 4층 보장제도인 주택연금을 최대한 잘 활용하는 것이 매우 좋다. 주택연금은 일명 역모기지론이라고도 불리며, 본인 소유 주택(9억 이하)자로 60세 이상인 경우 한국 주택금융공사를 통해 신청 가능하다.

주택연금 가입자는 생존 동안 가입 당시 집값 평가액 한도 내에서 연금 등의 방식으로 대출을 받고 사망하면 담보 주택을 팔아 그동안의 대출 원리금을 한꺼번에 상환한다. 역모지기지론(reverse mortgage loan)이라고도 불리는데, 주택연금 대출은 은행이 해준다. 한국 주택금융공사가 대출에 따른 상환을 보증한다. 대출 원리금 상환은 담보로 제공된 주택가격 범위 내다. 대출 원리금이 주택가격을 넘어서면 공기업인 한국 주택금융공사가 차액을 떠안게 된다. 반대로, 주택가격이 대출 원리금을 넘어서면 대출금을 상환하고 남은 주택 처분액은 유족에게 상속된다. 주택연금의 장점은 평생 거주를 보장하며, 은퇴한 뒤 자녀들의 눈치 볼 필요 없이 당당한 노후생활이 가능하다는 점이다. 상환 압박이 없는 것도 매력이다. 향후 부동산 거품이 빠지거나 정책이 변경될 경우 매달 수령할 수 있는 금액이 줄어들게 되므로, 가급적 미리 신청하는 방안도 고려해 봤으면 한다. 즉, 부동산 가격하락이 예상되거나 금리 상승이 예상되거나 기대 여명이 늘어날 것으로 예측되면 당연히 연금 금액이 축소될 가능성이 매우 크다.

실제 예를 들면, 5억 기준 65세 신청자의 경우 2014년엔 1,371,000원 이었지만, 2015년에는 1,360,000원, 2016년엔 1,349,000원이며, 2017년 2월 예상금액은 1,335,000원으로 계속 감소하게 된다. 향후 금리가 저금리로 간다는 가정을 한다 해도 기대수명은 더욱 늘어날 것이고, 부동산 거품이 빠지는 시기가 온다는 가정을 참작하면, 가급적 빨리 신청하는 것이 매우 현명한 선택이 될 것이다. 가입자 수도 폭발적으로 늘고 있다. 2017년 3월 말 기준 43,356명으로 2015년 말 29,120명 대비 14,236명 증가하는 등 급등하는 추세이다.

마지막으로 가장 좋은 연금은 금액의 다소를 떠나 재취업이다. 은퇴하는 삶보다 일하는 삶이 보다 건강한 삶을 지속할 수 있는 활력이 되기 때문이다. 하지만 나이 들어 아르바이트하는 것도 쉽지 않다. 또한, 어렵게 아르바이트를 구했다 하더라도 건강이 뒷받침되지 않는다면 이 또한 쉽지 않은 법이다.

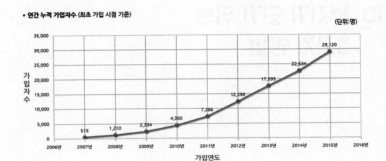

• 연간 누적 가입자수 (최초 가입 시점 기준)

(단위:명)

가입자수

29,120

22,634

17,595

12,299

7,286

4,350

2,334

1,210

515

2006년 2007년 2008년 2009년 2010년 2011년 2012년 2013년 2014년 2015년 2016년

가입연도

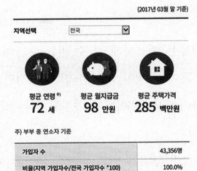

(2017년 03월 말 기준)

지역선택　　　　전국

평균 연령[주]　72 세　　평균 월지급금　98 만원　　평균 주택가격　285 백만원

주) 부부 중 연소자 기준

가입자 수	43,356명
비율(지역 가입자수/전국 가입자수 *100)	100.0%

　따라서 항상 긍정적인 삶을 통해 건강을 유지하는 것이 매우 중요한데, 그런 측면에서도 평소 미래를 위해 준비하는 습관이 뒷받침되어야 한다. 왜냐면, 미래가 불확실한 상태에서는 현재 삶 역시 긍정적이기 어렵기 때문이다. 그래서 힘들더라도 젊은 때부터, 평소 돈 관리를 해야 하는 이유가 있는 것이다.

　재정전문가는 단순히 돈 관리만 하지 않는다. 개개인의 삶에 코디네이터 역할도 수반한다. 은퇴 후 행복한 삶을 원한다면 당장 당신을 위한 재정전문가와 동반자가 되어야 한다.

10. 부자가 되기 위한
5가지 방법

■ 앞서 얘기한 바처럼 부자로 살아야 할 이유는 행복하게 살 수 있는 수단이기 때문이다.

돈이 목적이 되어선 안 되겠지만 최소한 수단으로써, 특히 우리나라에서 큰 의미를 가지고 있는 상황이기에 우리는 부자가 되어야 한다.

그럼 부자가 되기 위해선 무엇을 염두에 두어야 할까? 5가지로 요약하고 싶다.

1. 부자가 되기 위한 목표가 명확해야 한다.

인간은 동기가 부여될 때 목표달성을 할 확률이 높아진다. 다분히 목표 금액을 정해도 좋다. 금전적인 목표이든, 자선, 기부, 안정적인 노후생활을 위한 임대사업자가 되기 위한 계획이든 뚜렷한 목표가 있어야 한다. 이왕이면 글로 써서 잘 보이는 곳에 두자. 그리고 매번 볼 때마다 생각하자.

이런 과정이 있어야 부자가 될 수 있다. 그렇지 않으면 당신은 부자가 될 확률은 매우 떨어진다.

하버드대 MBA 과정에 있는 학생들을 대상으로 목표 설정의 중요성에 대한 실험결과는 너무나 유명하다.

자신의 목표를 세워 달성 계획을 기록한 사람 3%

목표가 있었지만, 기록을 하지는 않은 사람 13%

목표가 전혀 없었던 사람 84%

10년 뒤 모습은 목표가 있었던 13%는 목표가 없었던 사람들보다 평균 2배의 수입을, 그리고 뚜렷한 목표를 기록해 놓았던 3%는 나머지 97%보다 무려 10배의 수입을 올리고 있었다는 사실이다.

꿈이 있어야 한다. 그리고, 뚜렷한 목표를 기록하고 생각하고 있어야 한다.

그렇게 했는데도 결과가 만족하지 못한다면 저자에게 항의하면 좋겠다.

돈에 대한 절실함을 가지고 숫자로 구체화 된 목표를 설정해 놓자.

2. 부자가 되는 습관을 지니자.

시중에 많은 재테크 관련이나, 부자에 대한 책자를 보면 공통적으로 부자들은 어떠한가에 초점이 맞춰진 경우가 많다.

대표적 사례를 정리해 보면,

1) 소득/지출관리를 철저히 했다.

아직도 투자를 잘해야만 부자가 될 수 있다고 생각하는가? 실상은 그렇지 않다. 그럼에도 우리 부모세대의 부동산 가격 상승, 높았던 예금금리가 부자로 만들었다고 오해하고 있다. 물론 틀린 말은 아니다. 그런 요소들이 더 큰 부자로 만들어주는 역할을 했을 뿐이다. 더 내면에는 이런 부자들은 소득과 지출을 스스로 관리하고 통제하고 있다는 점에 주목해야 한다.

2) 반드시 실행한다.

사소한 정보도 그냥 넘기지 않는다. 소위 말하는 동물적인 감각도 있겠지만, 일반적으로 부자들은 성실을 기반으로 반드시 실행에 옮기는 측면이 강하다. 부자이지 못한 사람들은 그래서 기회를 잘 활용 못 하는 반면에, 부자들은 더 많은 정보와 기회를 찾는 노력을 아끼지 않으며, 실천에 옮긴다. 부자가 되기 위한 가장 중요한 것 하나를 뽑으라면 실행이다. 하다못해 복권 당첨을 통해 부자가 되고 싶더라도 복권을 사는 실행이 필요하다. 세상엔 공짜가 없다. 소득 지출관리도 고통이 수반된다. 또 한 번 강조하지만, 부자가 되기 위해선 실행에 옮겨야 한다. 쉬운 말이지만, 가장 어려운 말이기도 하다.

3) 긍정적인 생각을 가진다.

부자는 일부러 사람을 만나려고 하지는 않지만, 꼭 만나야 할 사람이라면 꺼리지 않는다. 그리고 겸손한 태도를 잃지 않는다. 돈이 없는 사람을 만나더라도 경멸하거나 낮춰보지 않는다. 그리고 중요한 것은 기본 성향이 긍정적이라는 것이다. 부정적인 면을 생각하면 한도 끝도 없게 마련이다. 반대로 긍정적인 면도 그러하다. 아무리 나쁜 상황에서도 긍정적인 생각을 하다 보면 나쁜 상황에서도 최선을 방법을 찾아내곤 한다.

3. 좋은 동반자를 만나자.

좋다는 것은 상황에 따라 매우 주관적일 수 있다. 여기서 좋은 동반자는 자산관리를 정말 제대로 조언하고 관리해줄 수 있는 사람을 의미한다. 본인이 자산관리사가 아닌 이상, 이 분야의 전문가를 활용하는 것이 현명하다. 본인이 스스로 자산관리사가 될 필요는 없다. 모든 것은 사람이 만들어가는 것이다. 좋은 동반자를 만날 때까지 사람 만나는 노력을 해야 한다. 부자들은 대부분 본업에서 성공해서 부를 축적한 사람들이다. 투자나 재테크가 부를 축적해준 것이 아니라, 본업에서 성공한 사례가 더 많다는 점에 주목해야 한다. 그래서 그들은 자산관리에 있어 전문가가 아님을 인정한다. 그래서 좋은 동반자를 찾는 노력을 아끼지 않으며, 그들 주위엔 재정전문가가 있기 마련이다.

4. 건강해야 한다.

뜬금없이 이게 무슨 소리인가? 살면서 건강의 중요성을 모르는 사람은 적지 않다. 하지만 한편으로는, 진정으로 건강의 중요성을 아는 사람 역시 많지 않다. 부자가 되기 위해 건강해야 하는가? 다시 물어보면 해답은 '그렇다'이다.

건강해야 부자가 된다…. 정말 그런가? 건강하지 않으면 목표를 세우는 것도, 소득 지출을 관리하는 것도 무리가 따르고, 긍정적인 생각을 하는 데 막강한 방해 요소가 된다. 아프지 말자. 심한 다이어트는 오히려 건강을 해치고, 몸과 마음을 황폐하게 하고, 금전적으로도 큰 손해를 불러일으킨다. 잘 먹고, 몸 관리를 잘하는 사람이 부자가 될 확률이 높다. 부자들은 건강 관리에도 소홀하지 않다.

5. 신문을 꾸준히 읽자.

시대가 어떤 시대인데, 아직 구시대적인 신문 타령(?)이라고 생각할 수 있다. 참고로, 저자는 어떠한 신문사와 어떠한 이해관계도 있지 않다.

그럼에도 불구하고 신문을 언급하는 이유가 있다. 신문은 일반 대중을 대상으로 하기 때문에 경제 상황, 투자 상황, 전문가의 이야기 등을 가급적 쉽고 구체적으로 언급하기 때문이다. 또 하나는, 신문이 주는 가장 큰 매력은 매일 읽게 만든다는 습관 형성에 있다.

부자가 되기 위해 경제를 읽은 공부와 트렌드를 함께 고민하기에 가장 좋은 매체는 신문이다. 내가 만난 대부분의 부자들은 신문 읽기에 소홀함이 없다. 시간과 여유가 있어서 신문을 읽는 것이 아니다. 트렌드를 항상 보기 위해서다.

투자는 말할 필요도 없고, 자산관리를 하는 데 있어서 트렌트를 반드시 반영해야 한다. 과거에도 그랬지만, 미래의 부자 역시 한마디로 트렌트를 읽고 예측하고 대응했는지, 아닌지에 대해 판가름날 것이다. 파도를 이겨가며 헤엄을 칠 수는 있겠지만, 많은 무리가 따른다. 이왕이면 파도의 흐름에 따라 헤엄을 치자.

11. 내가 부자가 되지 못하는 7가지 이유

🏦 내가 부자가 되지 못하는 이유는 무엇일까? 부자가 되기 위한 이유를 반대로 생각하면 간단할 수 있다.

우선, 본인 스스로 부자가 될 수 없는 이유에 대해 생각해 보기 위해 아래 설문 체크를 해 보자.

1. 향후 몇 년 내에 얼마를 모아야겠다는 목표가 없다.

2. 공부, 자격증, 건강 관리에 관심이 없다.

3. 재테크(금융)에 관해 스스로 알아보기보다는 남의 말을 참고한다.

4. 직장 동료를 비롯한 주변 사람들과 잘 어울리지 못하고 혼자가 편하다.

5. 내 직업과 일에 대해서 불만이 많다.

6. 연수나 세미나엔 관심이 없고, 패키지여행을 좋아한다.

7. 졸리거나 무기력한 일상을 느낄 때가 많은 편이다.

8. 나의 가정은 화목하지 않다고 생각한다.

9. 신문, 책보다는 게임을 하는 시간이 더 많다.

위 항목 중에 절반인 5가지 이상에 해당한다면 부자가 되기 위해 엄청난 고통을 감수해서라도 체질 개선을 해야 한다. 여러분들이 아직 부자가 아니라면 아래 내용처럼 최소한 버려야 할 자세를 염두에 두었으면 좋겠다.

【 부자가 되기 위해 우선으로 버려야 할 자세 】

1. 책임을 타인에게 넘긴다.

세상 모든 바보는 남 탓만 한다. 부자가 아닌 사람들도 마찬가지이다. 자신의 잘못이나 부족함을 인정하는 대신에 남 탓으로 돌린다.

"그놈의 증권사 직원 때문에 손해 봤어."/ "그놈의 부동산 중개업자의 꼬임에 빠져서 손해 봤어."/ "투기꾼 때문에 집값이 올라."라고 남 탓한다.

이런 실패자들은 정작 중요한 자신의 판단력을 개선하려 노력하기보다는 남 탓으로만 돌리기에 앞으로도 똑같은 실패를 반복할 가능성이 크다.

2. 말만 한다. 실천이 없다.

100가지 아이디어보다 1가지라도 제대로 실천하는 게 중요하다.

대개 재테크 실패자들은 머리로만 알고 실천하지 않는다.

말로는 부자 되겠다고 한다. 그러나 주말에 부동산을 보러 다니거나 경매를 실제 해보거나 하지 않는다.

재테크 책 읽는 대신에 드라마에 빠진다.

아침 늦게 일어나고 게으르면서도 입만으로는 부자 될 것이라고 한다.

입만 동동거려서 부자 될 것 같으면 이 세상에 부자 되지 못할 사람이 어디 있겠나?

부자란 남다른 사람이다. 부자 되려면 지금부터 당장 실천하자!

3. 정확한 목표가 없다.

우리는 그냥 부자가 되고 싶다고 말만 한다.

몇 년 안에 얼마를 벌겠다는, 올해에 얼마를 벌겠다는 구체적인 목표가 없다.

또 부자 되기 위해서 구체적으로 어떠한 노력을 한다는 장단기적인 실천계획도 없다.

그냥 인생의 강물에 떠다니며 흘러가도록 물결에 내맡기며 부자가 되기를 바랄 뿐이다.

목표가 없는 사람은 초점이 없기에 아무것도 이룰 수 없다.

4. 쉬운 길, 편안한 길만 찾는다.

당신이 남보다 특별한 재능이 있는가? 당신이 남보다 대단히 머리가 좋은가?

평범한 당신이 부자 되려면 남보다 부지런하고 절약해야 하는 게 기본이다.

어려움 없이 성취되는 것은 하나도 없다. 남들처럼 입을 것 다 입고, 먹을 것 다 먹고, 놀 것 다 놀고, 그러고 나서 평범한 당신이 부자가 되겠다고 생각한다면 대단한 착각이다. 세상은 공짜도 없으며, 항상 기본에 충실한 자에게 길을 열어줄 것이다.

5. 협력자가 없다.

다른 사람들과 협조하며 성공의 길을 간다면 쉽고도 빠르게 갈 수 있다.

정보는 인간관계를 통해서 전달된다. 당신에게 몇 년간 좋은 정보가 없다는 것은 당신의 인간관계에 문제가 있는 것이다.

당신을 부자로 만들어주는 것은 바로 사람이다. 사람에 투자하라! 최고의 수익률은 주식도 부동산도 아니다. 바로 사람(협력자)이며, 금융기관의 이해관계가 없는 독립재정자문회사가 가장 유용하다. 부자들은 대부분 교만하지 않다. 대부분 겸손하다. 인정할 것은 인정하는 부류의 사람들이다. 즉, 본인들이 각자 일에 대한 전문가일지언정, 재정관리, 금융에 대해서는 전문가 아님을 인정하고 비용을 지급해서라도 도움을 받는다. 당신은 어떠한가?

6. 작은돈을 소홀히 한다.

푼돈 아껴서 뭐해? 이렇게 말하는 사람은 부자 되기 틀렸다.

거대한 배가 침몰하는 것도 작은 구멍 때문이다. 자투리 돈을 관리하지 못하는 사람은 큰돈 역시 관리하지 못한다.

작은돈을 잘 관리하지 못하는 사람이 어떻게 큰돈은 잘 운용할 수 있단 말인가?

귀찮거나 주위의 시선 때문에 줍지 못하는 거리에 떨어진 500원짜리 동전도 줍는 사람이 바로 부자들이다.

7. 너무 **빨리** 단념한다.

미국의 한 통계에 따르면 투자의 처음 10년간은 돈을 벌지 못한다는 보고서가 있다.

투자도 연습하고 연마해야 잘하는 것이다. 처음부터 잘한다면 그게 이상한 것 아닌가?

처음엔 10단위 투자해서 한 단위를 얻는다. 나중에는 1단위를 투자하고 10단위를 얻을 수 있다.

절대 포기하지 마라. 그동안 투자로 날린 돈이 헛된 돈이 아니다. 수업료를 내고 또 하나를 배운 것이다.

성공하는 비결은 어떠한 어려운 상황에서도 절망하지 않는 데 있다.

12. 미래의
재정관리

■ 제4차 산업혁명이 계속되고 있다. 특히, 작년에는 이세돌 9단과 알파고의 세기의 바둑대결이 화두가 되기도 했다. 딥러닝, 딥마이닝, 핀테크 등 4차 산업혁명과 연관된 단어들이 최근 들어 자주 매스컴을 채우곤 한다.

업계에서는 핀테크니, 테크핀이니 논란도 있었다. 중요한 것은 무엇이 우선이 아니라, 그보다는 4차산업 혁명이 가져올 우리 삶의 변화에 좀 더 주목해야 한다.

최근 O2O라는 용어가 유행하고 있다. 아주 간단히 설명하자면 '온라인 오프라인 연계'라는 것인데, 각종 금융에 대한 규제가 철폐되고, 산업이 통합될수록 금융기관에 방문하는 OFF LINE 횟수가 줄어드는 대신, ON LINE 업무가 집중될 것이다. 이미 대부분 금융기관에서 자체 웹, 온라인 거래를 확대해 나가고 있으며, 심지어 소수 특정상품을 제외한 대부분의 금융상품을 이미 온라인으로 가입, 관리할 수 있도록 구축해놓고 이에 대한 비중을 확대하고 있다.

최근 인터넷 전용 은행인 카카오뱅크 등은 이 흐름과 동행한다. 또한, 기술의 개발로 P2P 대출, 로봇 어드바이저 등 각종 금융업과 관련한 서비스가 출연, 발전되고 있다.

자산관리부문도 다르지 않아서 비단 금융기관뿐만 아니라, 많은 IT 기업들이 금융 관련 각종 앱을 내놓고 있으며, 이를 효과적으로 활용하면 도움이 되는 경우도 많지만, 문제는 앱사용자 편의보다는 앱을 만든 기업들의 목적을 위해 기술이 개발되어 있다는 점이다.

예를 들면, 대부분 가계부나 재무설계 등을 위한 앱이 많이 있지만, 금융회사의 경우(특히 보험대리점 등) 상품판매를 유도하는 기능이 주기능이거나 IT 기업의 경우 고객 편의 서비스가 장점이기는 하나, 금융에 대한 지식과 마인드가 부족하여 기술적 한계에 봉착해 있는 경우가 많다. 따라서 향후에는 금융기관과 IT 기업 간 통합이 되어 그 경계가 없어지는 미래 시점엔 각각의 장점이 모인 고객 편의 중심의 앱이 나올 것이다.

로봇 어드바이저도 이와 다르지 않아서, 상품판매 결과를 보여주는 금융기관의 로봇 어드바이저나 고객 입장이 반영되지 않은 기술적 측면만 부각된 로봇 어드바이저는 일시적으로는 각광을 받을 수 있지만, 최종적으로 그 자체만으로는 지속할 수 없을 것이다. 즉, 로봇 어드바이저는 인간이 실수할 수 있는 빅데이터 분석 및 통계, 리서치 등에서 분명 사람보다 탁월한 기능을 발휘할 것이다. 하지만 문제는 투자나 재무설계의 초점이 로봇 어드바이저 영역인 상품선택이 아닌, 행복이라는 주관적 심리로 판단될 경우 아직은 인간의 영역일 수밖에 없다는 점이다.

은행, 증권, 보험 등 대표적인 금융산업의 경계가 없어지고 고도화 기술이 진행되면 금융은 생활플랫폼으로 정착하게 되고 고객 편의는 증대될 것이다. 이를 위해 각 분야에서 핀테크라는 이름으로 많은 인력, 기술이 집약되고 있다. 한 예로, 미국의 웰스파고 은행은 금융업이 아닌 IT 회사임을 표명하고 있으며, 인터넷 서점으로 시작한 아마존이라는 회사는 금융뿐만 아니라 모든 산업에 관여하고 있다. 여기서 중요한 것은 그 기술을 사용하는 유저가 금융기관도, IT 회사도 아닌 고객이라는 점, 그래서 고객의 가치와 편의가 핵심이어야 하는 점을 간과해서는 안 된다.

향후 제4차 산업의 물결 속에서 자산관리 부문에서도 많은 편의성과 정보가 제공 및 공유될 것이다. 발전된 기술은 점차 기존의 은행을 포함한 금융기관을 IT 기업으로 변모시키거나 IT 업체가 금융기관의 역할을 대체할 것이다. (카카오뱅크 등 인터넷 전문은행이 이런 트렌드를 반영해서 점차 그들의 업무영역을 확대할 것이며, P2P 대출, 크라우딩 펀드 등 인터넷 기반 금융시스템이 우리 생활 속에 더더욱 깊이 자리매김할 것이다.)

4차산업과 더불어 급변하는 상황에서 우리는 어떻게 금융활동을 해야 할까?

보다 상식적으로, 오픈된 정보를 최대한 잘 활용해서 편리하게 금융생활을 하면 될 것이다.

다만, 강조하고 싶은 점은 많은 변화 속에서 흥미로운 많은 투자기회가 올 것이다.

투자기회가 올 때 목돈이 없다면 매우 불행한 일이 될 것이다. 이것이 평소 저축과 투자를 해서 돈을 가지고 있어야 하는 이유이다.

13. 부동산
불패 신화인가 필패 신화인가?

　　　　　　　　🪙 부동산에 대해 참 다양한 시각과 많은 이야기가 있다.

　특히, 우리나라는 유별난 부동산 사랑을 지속하고 있다.

　전문가마다 부동산에 버블(거품)이 있다는 것에 동의하면서도 해외 사례처럼 거품이 금방 꺼지지는 않을 것이라고 다소 낙관론을 얘기하는 경우가 있다. 과연 그럴까?

　저자는 사람 사는 것이 나라가 다르다고 해서 크게 다르지 않다고 생각한다. 왜냐면, 모든 것은 상식으로 귀결되기 때문인데, 자산관리에서도 다를 바 없다고 생각한다.

　전문가마다 의견이 다를 수 있겠지만, 저자는 늦어도 향후 5년 안에 부동산 거품이슈가 나올 것으로 본다. 시장의 수급으로 접근하면 이미 포화상태이나, 우리나라의 부동산의 특이점인 국가 정책적인 부분과 심리적인 부분을 고려할 수밖에 없기 때문이다.

부동산 불패를 얘기하는 사람들이 많다. 특히, 강남 3구니, 신도시니, 계획도시는… 등 현혹하는 말들이 많다. 여전히 부동산으로 부자가 된 사람이 너무나 많으며, 부동산만이 안정적인 수익을 가져다줄 것으로 생각하고 있다. 부동산을 어떤 시각으로 봐야 할까?

모든 자산의 가장 일반적인 상식적인 원칙은 수요와 공급의 법칙이다.

부동산 중에 대표적인 주택보급률부터 확인해보면 이미 2005년을 기점으로 주택보급률은 100%를 초과했으며, 인구 구조적인 측면에서 고령화가 지속하는 동시에 출생률이 급감하는 현시점에서 기존 부동산은 매우 위험한 자산이 될 수 있다.

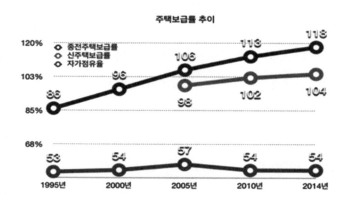

주택보급률 추이

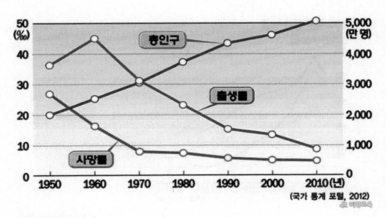

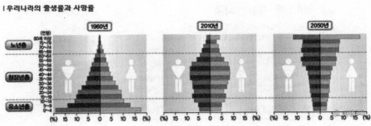

ㅣ우리나라의 출생률과 사망률

우리나라 경제를 얘기할 때 흔히 일본 경제와 비교하는 경우가 많다. 이유는 경제성장 과정이나 인구구조 변화과정이 우리나라와 매우 닮아있기 때문이다. 일본의 경우를 예로 들면, 일본 역시 치솟기만 하던 부동산 거품이 1990년 초 일시에 빠지는 경험을 이미 치른 바 있다. 일본만 그러한 것이 아니라, 미국 역시 2008년 서브프라임 모기지 사태를 경험하면서 글로벌 전체 금융위기를 초래한 경험이 있다. 여기에 우리나라만 예외로 쭉 부동산 불패가 이어질 것으로 생각하는지 묻고 싶다.

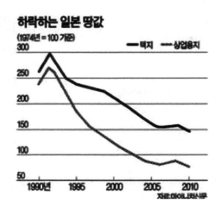

하락하는 일본 땅값
(1974년 = 100 기준)
— 택지 --- 상업용지
자료:마이니치신문

주요국의 주택·부동산 시장
※괄호 안은 총인구 대비 '40, 50대' 비중
※가계자산 중 부동산 비중은 2007년 기준 자료:통계청·관련 업계

	40, 50대 인구 정점기	가계부채/ 금융자산	부동산 비중
한국	2010년(30.8%)	2.14(08년)	76.8%
미국	2006년(28.1%)	0.67배(06년)	36.0%
일본	1993년(29.2%)	0.96배(95년)	61.7%

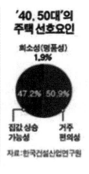

'40, 50대'의 주택 선호요인
희소성(명품성) 1.9%
집값 상승 가능성 47.2% 거주 편의성 50.9%
자료:한국건설산업연구원

　특히, 우리나라의 경우 부동산이 문제가 될 수 있는 것은 일본이
나 미국에 비해 자산 중 부동산이 차지하는 비중이 심각한 수준이
라는 점이다. 특히, 부동산으로 재미를 본 베이비붐 세대의 은퇴자
산 대부분이 부동산이며, 경제 주체였던 그들의 영향으로 부동산 불
패신화가 아직 우리의 머리 깊숙이 자리 잡고 있다. 하지만 그들의
재산형성의 주체가 이제 서서히 필패 신화로 오고 있다. 가장 대표
적인 예가 신도시 아파트 가격의 하락이다.

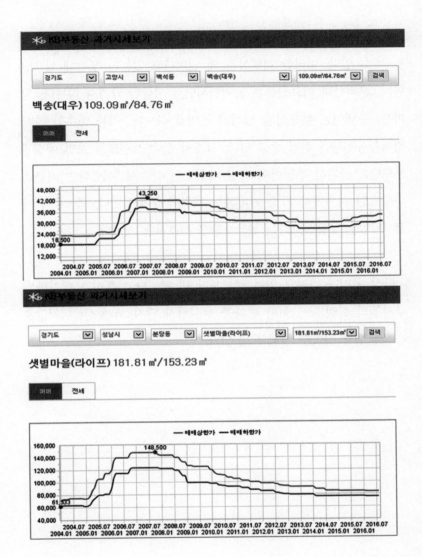

최근 전세보증금이 아파트 가격을 상회했다는 뉴스를 심심찮게 들을 수 있다. 이러한 기현상은 왜 일어나고 있는지 생각해 봤으면 한다. 우리나라 어르신들은 돌아가시면서 이름만 남기지 않는다. 상가든, 주택이든 부동산을 남기고 돌아가시는 데, 이를 매수할 만한 경제활동인구가 점점 줄고 있다. 그래서 상속 트렌드를 보면 예전엔 부모님이 남기신 부동산이 가장 욕심났던 상속재원이었다면 최근엔 피상속인 사이에서 가장 기피하는 재원이 부동산이다. 즉, 골치 아플 수 있는 부동산보다는 현금자산을 선호하는 것이다.

항상 우리가 가지고 있는 정보보다 더 **빠르다**고 흔히들 얘기하는 부자들의 트렌드…. 이런 변화를 무시하지 말자. 부동산! 머지않은 시기에 필패 신화를 경험할 수 있다.

2
CHAPTER

돈의 독립

김준성

돈의 독립

김준성

1. 집필의 목적

💰 러시아 속담을 보면 "건강은 가장 가치가 있다. 하지만 돈도 마찬가지이다."라는 말이 있다.

이 말은 자본주의에 살고 있는 우리에게 건강만큼이나 돈이 중요하다는 것을 의미한다. 우리는 돈이 있어야 '교육, 식사, 의복, 주거 등'을 해결할 수 있다.

이처럼 돈은 우리가 무시할 수 없는 분야이다.

하지만 돈을 불리는 것은 과거에 비해서 매우 어려워졌다.

과거에는 금리가 높고, 부동산 가격은 매년 10% 이상 상승하고, 저축률 역시 높았다.

하지만 현재는 금리는 낮고, 부동산 가격은 예전 같지 않고, 저축률은 낮아지는 상황에서 많은 사람이 돈을 불리는 것은 매우 어려운 상황이다.

이런 환경에서 보다 나은 미래를 위해 '자산관리'는 선택이 아니라 필수의 시대에 놓여 있다. 하지만 많은 사람이 매우 유리한 자산관리 서비스를 받기는 매우 어렵다.

필자는 과거에 자산관리사로 활동하면서 금융상품 제안 및 판매를 했었다. 하지만 자산관리 일을 하면서 지속적으로 이에 대한 '의구심'을 가지게 되었다.

시간이 지나면서 금융시장이 전문화되고, 금융상품이 다양해지고 복잡해지면서 선택의 폭이 넓어졌다. 많은 고객이 과거보다는 더욱더 좋은 선택을 할 수 있음에도 그러지 못하는 환경에 아쉬움을 가지게 되었다.

또, 바로 많은 금융사의 컨설팅 전문가들이 어쩔 수 없이 이해관계에 의해서 상품을 제안하고 있는 것이 현실이다. 또한, 이는 고객의 자산을 증가시키는 데 매우 큰 장애물이 된다.

이런 이유로 필자는 자산관리를 통한 금융상품 제안 및 판매를 통해서는 고객의 자산을 건전하고 견고하게 증가시키는 것이 매우 어렵다는 것을 알게 되었다.

이런 한계는 필자에게 많은 고민을 던지게 되었다. 이런 와중에 영국과 미국 등 금융선진국에서는 독립투자자문업이 정착화된 사실을 알게 되고, 이에 대해 공부하고 연구하기 시작했다.

영국·미국 등 금융선진국의 경우 독립투자자문사에 의해 상담을 받는 비율이 매우 높다. 이유는 자문료를 내는 반면, 특정 금융사에서 상담을 받는 것보다 매우 유리하기 때문이다.

결국, 시장은 사용자가 유리한 방향으로 흘러가게 되어 있다. 이것이 금융선진국에 독립투자자문사가 정착화된 배경이다.

필자가 얘기하는 독립적인 재정자문이라는 것은 무엇일까?

쉽게 설명하자면 A 유통사와 B 유통사가 C 사장에게 딸기를 유통한다.

A 유통사는 딸기의 질이 최상급이면서 1kg에 4,000원이다.

B 유통사는 딸기의 질이 보통급이면서 1kg에 3,000원이다.

그런데 고객에게 A, B 유통사 중 어떤 유통사를 선택하든 C 사장은 1kg에 5,000원에 판매한다. 이 경우 사장은 마진이 높은 B 유통사를 선택할 가능성이 크다. 소비자는 질이 떨어지는 B 유통사의 제품을 구매하는 것이다. 이것이 어찌 보면 한국의 금융시장의 환경과 다를 바 없다.

하지만 딸기 판매는 하지 않고 '적정한 돈(수수료)을 받고 조언'만을 하는 D가 있다면 말이 달라진다.

만약 C의 판매제품을 조언해야 한다면, D는 A 유통사 딸기를 고르라고 고객에게 조언할 것이다.

이유는 A를 추천하든, B를 추천하든 동일한 조언 비용을 받기 때문에 가능하면 D는 같은 5,000원에 판매되고 있지만 질이 좋은 A 유통사를 추천할 것이다.

이를 통해서 소비자는 같은 가격에 좋은 질의 딸기를 알아보고 구매할 수 있다.

이것이 바로 독립투자자문사의 역할이다.

필자는 '자산관리사'라는 호칭에 맞는 일을 하기 위해서 부단히 연구와 상담을 진행해왔고, 고객을 위한 자산관리를 위해 이해 관계없이 자문료만 받는 '로드스타자문'이라는 회사를 설립하게 되었다.

개인과 법인 모두 돈을 운영하고 관리 할 것이다. 필자의 책을 통해 몰랐던 금융정보 및 자산관리 방법을 알고, 이를 통해 독자들이 돈의 독립을 이루기를 희망한다.

2. 자산관리의 시작은 예비자금이다

🍪 필자가 자산관리의 시작이 예비자금이라고 하는 이유가 있다. 아무리 포트폴리오를 잘 구성해도 예비자금이 준비되어 있지 않다면, 경제적인 문제가 발생했을 때 기존에 세워둔 자산관리 전략의 전폭적인 수정이 불가피하기 때문이다.

"충실한 인생의 벗이 셋이 있으니, 늙은 아내와 늙은 개와 예비자금이다."
이 말은 미국의 정치인이자 사상가인 벤저민 프랭클린이 한 말이다.

나이가 들면 새로운 환경과 경제적인 위험에 취약해진다. 벤저민 프랭클린은 추후 경제적인 소득활동이 없어도 생활을 가능하게 해주는 예비자금에 대해 평생의 벗이라고 표현했다.
그렇다면 예비자금을 모으는 데에 있어 우리에게 찾아오는 어려움은 어떤 것이 있을까?

많은 사람이 어려움을 겪는 이유 중의 하나가 '중간에 금융상품을 해약'하기 때문이다.

어렵게 매달 노후자금으로 돈을 모아놓았음에도 손해를 보고 환매하는 경우가 매우 많다.

금융감독원에 따르면 연금보험 기간별 누적 해지율 중 3년 이내에 해지할 비율이 44.7%이다.

연금보험의 경우 3년 내에 해지할 경우, 원금의 절반도 받지 못할 가능성이 매우 큰 금융상품이다. 100만 원을 매달 납입했다면 1,800만 원의 손해를 보는 것이다. 이 얼마나 큰 돈인가?

필자는 이런 경우를 보게 되면 매우 안타까운 심정이다.

중도해지율이 높은 이유는 무엇일까? 왜 손해를 보면서까지 해지를 하게 될까?

이유는 '예비자금'이 없기 때문이다.

"갑작스러운 부동산 구입, 갑작스러운 실직 등 예상하지 못한 경제적인 변수가 발생했을 때 우리는 기존에 있던 금융상품 해약을 통해서 해결하게 된다.

하지만 해약은 우리에게 이득을 주는 것이 아니라, 매우 높은 손해를 수반한다.

이런 이유로 반드시 예비자금을 확보하고 있어야 한다. 이를 위해서는 3가지를 체크를 해야 한다.

첫 번째, 가까운 미래에 도래할 수 있는 이벤트를 예측해야 한다.

예를 들면, 가까운 미래에 자녀가 대학을 가게 된다면 매년 자녀의 등록금이 필요할 것이다.

이를 위해서 자녀가 대학에 입학했을 때를 위한 예비자금을 미리 준비해야 할 것이다. 이를 예측하지 못하면 미래에 마이너스로 인한 부채를 지거나 기존의 금융상품을 해지하게 된다. 하지만 대부분의 경우 이를 예측해서 '미리 준비하기보다'는 '가서 보자'라는 생각을 더 많이 한다. 이는 부채를 지게 하는 습관 중의 하나이다.

두 번째, 나의 연봉 수준의 예비자금이 있어야 한다.

시대는 점차 회사의 퇴직이 빨라지고 있고, 이로 인한 실직의 위험에 놓여 있다.

필자의 친구 역시 잘 나가는 금융사의 직원이었다. 이 친구의 부서는 인사부에 있었기 때문에 본인의 퇴사를 예측하지 못했다. 하지만 내부적인 구조조정으로 인해서 이 친구는 퇴사하게 되었다. 하지만 이 친구의 경우 퇴직금의 대부분을 부채 정리에 사용해야 해서 1년 동안의 예비자금을 준비하지 못한 채 퇴사하게 되었고, 이 때문에 가정의 불화로 이어지고 말았다.

이처럼 예비자금은 매우 중요하고 필요한 영역이다.

필자는 이 때문에 반드시 연봉 수준의 예비자금이 필요하다고 자문한다.

연봉 수준의 예비자금이 있다면 구직 중의 생활고에 대해서 어느 정도의 시간을 벌 수 있기 때문이다.

세 번째, 나의 예비자금을 어떻게 구성해야 할지를 알아야 한다.

예비자금을 구성하기 위한 요건은 무엇일까?

예비자금은 **빠른** 시일 내에 현금화할 수 있으면서도 안정적인 상품이어야 한다.

쉬운 이해를 위해 예비자금으로 부적합한 상품을 나열해보겠다.

바로 부동산·주식·ELS 등 투자형 상품이다. 투자형 상품의 경우, 환매의 기간과 환매 시점의 손해 때문에 현금화하기가 매우 어려울 수 있기에 예비자금을 투자형 상품으로 구성하는 것은 적절하지 않다.

그렇다면 어떤 상품이 합리적인 선택일까?

투자 자산군(Investment asset class) 중에서 안정형 자산이 이에 적합하다.

안정형 자산 중에는 크게 은행에서 쉽게 가입을 할 수 있는 예·적금과 안정적인 국·공채 및 회사채를 운용해서 수익을 배분하는 채

권형 펀드가 적절하다.

안정형 상품을 합리적으로 선택하는 방법에 대해서는 14장을 참고할 것이다.

영국의 문헌학자 존 폴로리오는 "빈곤은 재앙이 아니라 불편이다."라는 말을 남겼다.

예비자금을 모으지 않는다면 재앙까지는 아니더라도 우리를 매우 불편하게 만들 수 있을 것이다. 예비자금은 예측 가능한, 혹은 불가능한 미래에 발생할 수 있는 모든 상황을 고려하여 준비해야 할 것이다.

3. 저렴한 금융상품을
찾아라

💿 예전에 유명했던 드라마 『발리에서 생긴 일』의 대사 중 한 대목이다.

"가보지 않고는 알 수 없는 게 인생이지만, 굳이 가볼 필요가 없는 길도 있다."

우리는 재테크를 하면서 불필요하게 가입하지 말아야 하는 금융상품에 가입하고 해약을 하는 경우가 많다. 그리고 후회하고 불신한다. "이 금융상품에 괜히 가입했어."라고….

하지만 이것이 과연 금융상품의 탓일까? 우리가 잘못 선택해서는 아닐까?

필자가 생각하기에는 금융상품을 선택하는 것 또한 위의 대사와 같다고 생각한다. 몰라서 나에게 맞는지 모르는 금융상품에 굳이 가입하지 않아도 된다는 것이다.

일단 필자가 금융상품에 대해 정의를 내리고자 한다.

"세상에 금융상품 중 나쁜 금융상품은 없다. 하지만 금융상품의 특성을 이해하지 못해서, 나에게 맞지 않는 금융상품은 존재한다."

많은 사람들이 금융상품에 가입하고 손해를 보게 되면 금융상품이 잘못돼서 손해를 본 것이라고 생각하는 경우가 많다. 하지만 이는 잘못된 생각이다. 오류일 가능성이 매우 크다.

예를 들면, 적금에 가입했는데 이자가 적다고 불평하는 게 맞는가? 적금이라는 것이 낮은 이자를 지급하는 상품인데 말이다. 또한, 투자형 상품에 가입했는데 하락한 순간 기다리지 못하고 환매를 해서 손해를 보는 것이 금융상품의 책임인가? 아니다. 투자형 상품은 일시적으로 하락한다고 환매하는 상품이 아니며, 위험을 수반하지만 기대수익률이 높은 상품이다.

필자가 예를 든 것처럼, 금융상품의 특성을 이해하지 못하기 때문에 금융상품을 통해서 충분한 만족감과 이익을 보는 것이 아니라, 불만족과 불이익을 보는 것이다.

그럼 어떤 금융상품을 선택하더라도 '만족감과 이익'을 얻으려면 어떤 단계를 거쳐야 할까?

이에 대한 개념을 이해할 필요가 있다. 골프를 치다 보면 골프채는 성능에 따라 다양하다.

그런데 아무리 좋은 골프채여도 골퍼에게 맞지 않을 수 있다. 왜냐하면, 골프채의 스펙에 따라 장점과 단점이 존재하기 때문이다. A채는 장신에게는 어울리지만, 단신에게는 맞지 않는 골프채일 수 있다.

그럼 어떤 단계를 거쳐야 우리는 합리적인 금융상품을 선택할 수 있을까?

첫 번째, 선택하고자 하는 금융상품의 장단점을 파악해야 한다. 그래야 이 상품이 나에게 적절한지가 판단이 된다.

상품에는 특징이 있다. 은행의 적금은 '원금보장'이라는 안정성은 주지만 금리가 낮다.

2016년 기준 시중금리는 1.5% 내외이다. 한국은행은 경제전망에서 2017년 물가상승률을 1.9% 예상했다. 1.9%의 기준으로 보게 되면, 적금에 가입할 경우 나의 자산은 -0.4% 하락한다. 하지만 이는 본인의 선택이다. 원금은 보장되지만, 물가 이하의 이자를 충분히 인지하고 이 상품을 선택하는 사람이라면 본인에게 맞는 금융상품을 선택한 것이다.

이처럼 특정 금융상품에 대한 특징을 명확히 파악하고 선택한다면 합리적인 선택이 가능할 것이다.

두 번째, 저렴한 금융상품을 찾아라

특정 금융상품의 선택을 했다면, 특정 금융상품을 대부분 한 금융사만 판매하지 않는다.

전 세계적으로 금융상품의 개발 및 판매가 이루어지고 있다. 한국역시 1998년 이후부터 금융의 규제가 상당 부분 풀리게 되면서 다양한 금융상품이 개발 및 판매가 이루어졌으며, 금융사에서도 다양하지만 비슷한 금융상품의 판매가 이루어지고 있다. 이런 이유는 ㅇㅇ운영사에서 A 상품이 히트를 하게 되면 CC 운영사에서 비슷하거나 성격이 같은 상품을 개발하여 판매가 이루어지기 때문이다.

독자들의 이해를 돕기 위해서 적금을 예로 들고자 한다.

A 은행 -1.5%, B 은행 -1.2%, C 은행 -1.8%. A, B, C 은행 모두 같은 상품이지만, 금리를 다르게 고객에게 제공하고 있다. 그렇다면 위 A, B, C 중에서 어느 은행을 선택하는 것이 고객에게 합리적인 선택일까? 당연히 C 은행을 선택하는 것이 유리할 것이다. 결국, C 은행이 가장 저렴한 금융상품인 것이다. 하지만 대부분의 경우 비교하지 않는다. 편한 은행을 찾거나 리서치를 전혀 하지 않는다. 그런데 여기서 필자가 이상하게 생각하는 것은 '물건을 구입'할 때는 저렴한 곳을 찾아 온라인이든 오프라인이든 찾아다닌다는 점이다.

금융상품 역시 나에게 저렴하게 제공하는 곳을 반드시 리서치를 해야 한다.

세 번째, 한 금융상품에 올인하여 가입하지 말아라

필자가 언급했던 것처럼 금융상품은 매우 다양하다.

매월 저축하는 금액과 나의 현금자산을 올인하여 한곳에 두지 말고 분산하여 투자 및 저축하는 것이 합리적이다. 이렇게 분산하게 되면 목적·수익률별로 분류하여 적정한 금융상품을 선택할 수 있다.

금융상품의 선택에서 올인하여 모든 금액을 예치 및 투자를 할 경우, 자산의 위험도 및 수익률이 한쪽 방향으로 흐르기 때문에 필자는 권장하지 않는다.

이처럼 금융상품을 선택하기 위해서 3가지의 단계를 거치게 되면 보다 효과적이고 합리적인 선택이 가능할 것이다.

거듭 강조하고 싶은 내용은 판매직원의 말만을 믿고 가입하기보다는 3가지의 프로세스를 통해서 선택해야 나의 자산이 합리적으로 운용될 수 있다는 사실을 반드시 기억해야 한다는 것이다.

4. 금융사에서 상담받는 것은
무료상담이 아니다

　　　　　　　　　🍥 世上沒有免費的午餐(세상몰유면비적오찬).
이 말은 우리가 흔히 쓰는 격언이다. 풀어보면 "세상에는 공짜란 없
다."라는 뜻이다.

　공짜에는 함정이 있다는 사실을 잊지 말아야 할 것이다.

　금융사에서 자산관리 및 금융상품의 추천 제안을 받을 때 무료상
담을 받는다고 생각한다.

　이유는 나에게 '자문료'를 요구하지 않기 때문이다. 하지만 우리가
알아야 할 것은 결코 공짜가 아니라는 사실이다.

　당신이라면, 열심히 일해서 아무런 소득이 발생하지 않는데 지속
적으로 일을 할 수 있는가?

　이는 비영리단체의 봉사만을 생각하는 사람이 할 수 있는 생각일
것이다. 하지만 대부분의 경우 이에 대해 'NO'라고 얘기할 것이다.

금융사 직원의 상담을 받으면 아마도 당신은 금융상품 추천을 받을 것이다. 만일 받지 않았다면 금융사 직원은 헛수고한 것이다. 아무 대가 없이 해준 일이기 때문이다.

금융상품에는 사업비라는 것이 있다. 사업비에는 '상품운용비, 판매수수료 등'이 있다. 이것을 고객에게 받는 것이다. 이 경우 '판매수수료'의 비용으로 고객에게 청구가 된다.

금융사 직원 중에서도 '합리적이고 효과적으로 금융상품을 추천'하는 경우도 있지만, 대부분의 경우 그러하지 못한다.

이유는 금융사는 영리를 목적으로 하며, 이의 대부분은 '금융상품의 판매'에서 매출이 발생하기 때문이다. 이 때문에 영업사원들은 실적 압박이 있으며, 할당된 금융상품의 판매를 채우기 위해서 고객에게 무리한 '금융상품의 판매'가 이루어지고 있다.

금융감독원이 '미스터리 쇼핑 시행현황(2015년 하반기~ 2016년 상반기)' 자료를 공개했다. 금융상품의 불완전판매 위험성이 심각한 수준인 것으로 나타났다. 불완전 판매가 영업점 셋 중 하나가 최하등급인 '미흡 이하'를 받았다.

국회의원 정무위원회의 김○○ 국회의원은 '일단 팔고 보자식'의 후진 금융시스템에 철퇴가 필요하다고 언급을 하였다.

이처럼 우리는 잘못된 금융상품을 선택하게 되면 '원래 금융상품에 가입함으로써 발생하는 비용'과 '잘못된 금융상품을 선택함으로써 발생하는 해지 수수료'의 비용까지 내야 한다.

수익적인 측면은 어떠할까? KDI 연구보고서의 인용을 하면 Sirri and Tufano(1998), christoffersen et al. (2013)에서는 미국 뮤추얼펀드 자료의 현금흐름을 분석한 결과, 중개인에 대한 보수가 높은 펀드는 현금유입은 높지만, 투자성과는 낮고, 반대로 중개인에 대한 보수가 상대적으로 낮은 펀드는 현금유입이 적지만, 투자성과는 높게 나타났다.

이처럼 금융상품은 중개인과 고객과의 관계에 따라 밀접한 관계가 있다.
이것이 어찌 무료라고 할 수 있을까?

그럼 우리가 금융상품을 추천을 받거나 제안을 받을 경우 어떤 것을 고려해야 할까?

첫 번째, 비용을 지불하고 객관적인 자문받을 수 있는 곳을 찾아라.
금융상품의 복잡성과 관리적인 측면으로 인해서 한 개인이 선택하고 관리 하는 것은 거의 불가능에 가깝다. 그래서 자문을 제대로 할수 있는 곳을 찾아야 한다.

하지만 이런 곳을 찾기란 매우 어렵다. 이유는 아직 한국에는 아직 생소한 독립투자자문사가 거의 없기 때문이다. 더욱 주의할 점은 '자문비용도 받으면서 상품도 판매'하는, 자문사를 가장한 판매직원에게 자문을 받을 수 있다는 점이다. 이를 구별할 수 있는 기준이 있다. 바로 '온라인으로 가입하게 해서 판매의 이해관계가 없는지에 대한 확인'하는 것이다. 또, 당신에게 '금융계약서'를 상담원 혹은 제3자인 영업사원이 사인을 받는다면 이는 판매행위이다. 이 경우당신은 '자문료와 상품에 대한 영업비용'을 지불하게 된다. 요즘에는 펀드와 보험 등의 금융상품도 온라인으로 가능하다. 자문을 받아합리적인 금융상품을 추천받아 가입했는데, 판매수수료가 없는 '금융상품 MALL'에서 가입할 것을 제안받는다면 이는 순수 '자문료'만을 받는 행위일 것이다.

두 번째, 관리 시스템이 잘 되어 있는 회사를 선택해라.

투자형 상품을 추천을 받은 경우, 투자형 상품은 관리적인 측면이매우 필요하다.

왜냐하면, 증시 및 투자형 상품의 정보를 개인이 얻고 판단하기가그다지 쉽지 않기 때문이다.

이에 대해 지속적으로 관리를 해주고 궁금한 점을 해결할 수 있는 자문사를 선택하는 것은 매우 중요하다.

필자 역시 과거에는 금융상품을 판매한 적이 있다. 이때 회사의 원칙과 판매 방향에 따라 포트폴리오를 구성해 주어야만 했다. 고객에게 다른 효과적인 대안을 줄 수 있음에도, 자산관리를 이와 같이 해야만 하는 사실은 필자에게 매우 힘든 일이었다.

하지만 현재는 자문사를 설립하고 운영하면서 고객에게 보다 합리적인 솔루션을 줄 수 있어서 고객의 만족도는 높아졌다. 이런 차이가 날 수 있는 이유는 자산관리의 목적이 분명해졌기 때문이다. 또한 '상품판매가 목적이 아니라, 고객의 건전한 자산 증가'에 집중할 수 있어서 고객에게 가장 합리적인 자문을 드릴 수 있어 가능한 일이다.

5. 자산배분 전략은 리스크와 수익을 관리하는 데 유용한 전략이다

🖭 "I can calculate the movement of the stars, but not the madness of men."

"나는 별들의 움직임을 측정할 수 있지만, 인간의 광기는 계산이 불가능하다."

이 말을 한 사람은 영국의 천재 물리학자 아이작 뉴턴이다.

뉴턴은 1700년대 주식투자를 해서 엄청난 수익을 올렸다. 하지만 그의 욕심은 그를 주식에서 엄청난 손실을 보게 하게 하였다. 이처럼 천재에게도 투자는 어려운 영역이다.

하지만 여기서 아이작 뉴턴이 한 말을 우리는 기억해야 한다. 투자 실패의 대부분은 포트폴리오 전략이 없이 수익만을 생각하여 무리한 투자가 이루어졌을 때, 투자를 실패할 확률이 매우 높아진다.

그럼 투자를 할 경우 어떤 것을 고려해야 할까?

투자에서 중요한 것은 '수익'보다는 '리스크'를 관리하는 것이 매우 중요하다는 사실이다. 그럼 리스크 관리를 위해서 어떤 전략이 필요할까?

필자의 견해로는 자산 배분 전략이 필요하다고 본다. 자산배분전략을 하는 것은 포트폴리오의 변동성을 줄일 수 있기 때문이다. 자산 배분 전략은 분산효과(diversification effect)를 노리는 전략으로서, 개별자산군이 아니라 전체 포트폴리오의 수익과 변동성에 영향을 미치게 된다.

사실 자산배분하면 "모든 달걀을 한 바구니에 담지 말라."는 말을 떠올리기 쉽다. 그런데 많은 사람을 만나 보면 '같은 대상을 다른 형태로 담는 것'으로 알고 있다.

예를 들면, 1억 원의 투자 금액이 있다면 이를 모두 주식으로 투자하는데, 현대·삼성·LG 등으로 분산시킨다. 이것은 필자가 말하는 자산배분전략이 아니다.

이는 단지 위험도가 높은 주식을 분산하는 것처럼밖에 보이지 않는다. 물론, 이 또한 한 종목에 투자하는 것보다는 위험도를 줄일 수 있지만, 필자가 말하는 자산배분전략에는 부합하지 않는다.

필자가 말하는 자산배분전략은 크게 안정형 자산군과 투자형 자산군으로 나누어 성향과 시장의 상황에 따라 포트폴리오를 분산하는 것을 의미한다.

이와 같은 전략이 유용한 이유를 도표를 통해 알 수 있다.

【 1-1 도표 】

투자금액: 1억 원

분류	안정형 자산	투자형 자산
투자금액	9,000만 원	1,000만 원
수익률	4%	-36%
평가금액	9,360만 원	640만 원

일단 위 도표를 이해하기에 앞서 안정형 자산과 투자형 자산을 이해할 필요가 있다.

안정형 자산은 "은행 예·적금, 안정적인 회사채, 국고채 등을 의미한다. 쉽게 풀이하여 원금 손실의 가능성이 매우 낮은 자산군을 의미한다. 하지만 기대수익률은 투자형 자산에 비해서 떨어진다. 투자형 자산의 경우 안정성은 매우 낮지만, 기대수익률이 매우 높다.

High Risk High Return인 것이다.

이를 이해했다면 도표 1-1을 보면서 알아보자.

A라는 사람이 1억 원의 투자금액 중 9,000만 원은 안정형 자산에 1,000만 원은 투자형 자산에 투자를 하였다. 그리고 실제 수익을 보니 안정형 자산은 4%이며, 투자형 자산은 큰 손해가 나서 -36% 손

실을 보았다. 하지만 여기서 주목해야 할 사실은 합산 자산의 손실은 없다는 사실이다. 이것이 자산배분전략의 힘이다.

이처럼 완전히 성격이 다른 자산군을 분류하면 투자형 자산의 위험도가 전체자산에 영향을 미치는 것이 제한적이라는 사실을 알 수 있다.

하지만 1-2 도표를 보게 되면, 개별 자산군의 위험도가 전체 포트폴리오에 영향을 미친다는 사실을 알 수 있다.

【 1-2 도표 】

투자금액: 1억 원

분류	A 주식	B 주식
투자금액	5,000만 원	5,000만 원
수익률	-20%	-30%
평가금액	4,000만 원	1,500만 원

위처럼 안정형 자산에 투자하지 않고 투자형 자산에 배분되어 있다고 가정하자. 전체적인 경제위기로 인해서 코스피가 급격한 하락이 이루어졌다면 개별주식이 영향을 많이 받을 수밖에 없다. 이때 위 예시의 자산은 5,500만 원이다.

4,500만 원의 손실을 본 것이다. 하지만 투자의 호황으로 수익이 나게 되면, 1-1보다는 수익을 많이 낼 수 있다. 투자형 자산에 올인되어 있으면 리스크가 크다는 사실을 알 수 있다.

	단기 채권	주식 (대형 주)	포트폴리오성과모델		
			모델수익률	변동성	결과 범위
1	100%	0%	5.0%	0%	5%
2	70%	30%	7.1%	6%	1.1%~13.1%
3	50%	50%	8.5%	10%	-1.5%~18.5%
4	30%	70%	9.9%	14%	-4.1%~23.9%
5	0%	100%	12.0%	20%	-8.0%~32.0%

참고문헌: Asset Allocation:balancing financial risk by roger c. gibson

위 자료에서 볼 수 있는 것처럼 안정형 자산의 비중이 높을수록 결과 범위는 안정적인 수익을 발생할 수 있으며, 투자형 자산이 높을수록 결과 범위의 폭이 크다는 것을 알 수 있다.

이처럼 포트폴리오의 투자 배분은 매우 중요한 투자의 첫 단추이다.

여기서 우리가 알아야 할 사실은 자산배분전략은 위험을 낮추기 위한 전략이라는 사실이다.

또한, 위험도를 낮추어야 지속적인 투자가 가능하며 꾸준한 성과를 낼 수 있다는 사실을 알아야 할 것이다.

그럼 구체적으로 '자산배분전략'을 세우기 위해서 어떤 과정이 필요할까?

첫 번째, 나의 변동성 허용 수준(Volatility Tolerance)를 알아야 한다. 개인에 따라 변동성 허용수준은 매우 다르다. 이 말은 마이너스를 어디까지 허용할 수 있냐는 것을 의미한다.

예를 들면, 마이너스가 나지 않았음을 희망하는 투자자는 100% 안정형 자산에 투자해야 한다. 하지만 기대수익률은 투자형 자산이 있는 투자자보다 낮다.

전체자산의 −20% 정도는 견딜 수 있는 투자자의 경우, 80%(안정형 자산):20%(투자형 자산)로 포트폴리오를 구성할 수 있다. 이처럼 본인의 변동성 허용수준을 아는 것이 매우 필요하다.

두 번째, 비율이 정해졌다면 자산군의 분산을 해야 한다.

안정형·투자형 자산에도 여러 가지로 구성할 수 있다. 앞서서 필자가 말했듯이 같은 자산군을 세부적으로 분산하면 분산효과는 분명히 존재한다.

특히, 투자형 자산의 경우 '원유, 국내증시, 해외증시, 원자재, 물가 등' 다양한 섹터에 투자가 가능하다. 만일 투자군의 분산을 선행하고 이와 같이 세부적으로 자산군을 분산한다면 위험도는 줄어들 것이다.

위의 두 가지 원칙을 가지고 투자를 한다면 상당 부분 리스크가 줄어들 것이다.

일반적인 경우, 우리는 투자에 대한 정확한 이해를 못 해서 안정형 자산 혹은 투자형 자산에 올인하는 것이 일반적이다. 하지만 위에 필자가 언급했듯이 '자산배분전략'을 통해서 투자를 하게 되면 리스크를 상당 부분 줄일 수 있고, 이성적인 투자가 가능할 것이다.

'자산배분전략'은 필자만의 생각이 아니라, 세계의 유명한 자산관리사들이 지속적으로 강조한 부분이며, 이를 통해서 꾸준한 수익을 올릴 수 있는 전략이기도 했다.

저자의 한마디

주변을 보면 투자를 통해서 손해를 보는 경우가 많다. 이유는 명확하다. 투자에 대한 이해와 전술 없이 무리한 투자로 이어졌기 때문이다. 이를 해결할 수 있는 유일한 방법은 '자산배분전략'을 통한 투자라고 할 수 있을 것이다.

6. 부동산투자의 경우 알아야 할 진실

🎓 고등학교 경제 시간에 "가격은 수요와 공급에 의해서 움직인다."라는 것을 배웠는가?

하지만 우리는 시간이 지남에 따라 이를 잊는 경우가 많은 것 같다.

필자가 부동산에 대해서 언급하면서 가장 중요하게 생각하는 부분은 수요와 공급이다. 한국 주택시장의 수요와 공급이 현재 어떤 상태일까?

국토부 통계누리에 따르면 전국 주택보급률은 지난 2014년 103.5%를 돌파했다. 수도권의 주택보급률은 98.2%(지방은 108.4%)이다.

위 통계처럼 이미 전국의 주택보급률의 경우 공급이 수요를 초과한 상태다. 수요와 공급의 법칙에 따르면 가격은 하락하는 것이 어찌 보면 당연하다.

또, 인구는 감소하고 있어 부동산의 장래는 그리 밝지 않다고 볼 수 있다.

하지만 대부분은 이와 같이 생각하지 않는다. 과거의 '부동산의 지속적인 상승'에 대한 고정관념이 머릿속에 있기 때문이다. 또한, 10명 중 9명이 손해를 보더라도 1명이 부동산에서 이득을 취하게 되면 이는 화젯거리로 올라간다. 이처럼 부동산은 우리의 재테크의 수단으로서 깊이 있게 활용되었다.

그렇다면 부동산을 우리는 어떤 시각으로 바라봐야 할까?

3가지 관점으로 부동산을 바라봐야 한다.

첫 번째, 특수지역의 상승이 이어질 가능성이 크다.

전국의 부동산 지역의 경우 수급으로 보았을 때 공급이 초과한 상태다. 하지만 일부 지역의 경우 아직 수요가 부족한 지역 역시 존재한다. 만일 현재 시점에서 투자할 경우 수급을 보아야 할 것이다. 또한, 우리나라는 전통적으로 '교육'이 부동산 가격에 상당한 영향을 끼쳤다.

특히 '강남 지역'이 가장 대표적인 예이다. 이처럼 투자를 할 때

'학군'이 잘 형성되어 있는지를 파악하는 것이 합리적인 결정을 하는 데 유리하다.

두 번째, 부동산의 상승을 기대하기보다는 거주의 목적으로 활용해라.

과거에는 부동산을 재테크의 목적으로 투자하였기 때문에 부채를 무리하게 하여 집을 샀다. 이는 현재의 부동산의 흐름으로 보았을 때 합리적인 선택이 아니다.

우리가 부동산을 매입하고 수익이 나지 않는다면 이는 매우 큰 손실로 이어지기 때문이다.

분류	합계
매매가	5억 원
부채	2억 원
종부세	0.50%
물가상승률	2.00%
매년 손실액	1,250만 원
5년 손실액	6,250만 원

5년간 부동산의 가격이 상승하지 않는다고 가정한다면, 부동산을 구입함으로써 손실액이 어느 정도 될까? 우리는 부동산 가격이 내

려가지만 않으면 괜찮다라는 생각을 가지고 있다. 이는 매우 잘못된 생각이다. 위에 예처럼 가격이 내려가지 않아도 종합부동산 세금과 부채의 이자, 그리고 물가상승률을 참작한다면 매년 위의 도표처럼 5억 원의 아파트를 매입한 사람은 1,250만 원의 손해를 보게 되고, 5년간의 손실액은 6,250만 원이다. 만일에 부동산 가격이 하락하게 되면 문제는 매우 심각해진다.

필자의 지인을 보게 되면 이처럼 투자를 해서 엄청난 손해를 보는 경우가 종종 있다.

필자는 위와 같은 리스크를 줄이기 위해서는 '부채의 최소화를 통한 주택 매입'을 권장한다.

또한, '큰 집보다는 가족의 구성원을 고려한 적정한 아파트'를 매입하는 것이 세금과 부채의 정도를 낮출 수 있기 때문에 유리하다.

세 번째, 부동산의 비중에 올인하지 말아라

최근에 부동산의 움직임보다 금융으로 '부동산·해외주식·국내주식·원유 등'에 투자할 수 있어 더욱 다양한 상품에 투자할 수 있으며, 이를 통해 이익을 얻을 수 있다.

그런데 부동산에 올인하게 되면 리스크관리 측면에서도 불리하다. 필자는 리스크를 관리하기 위해서 중요한 것은 '자산배분전략'이라고 앞장에서 언급을 했다. 하지만 부동산에 올인하게 되면 부동산의 하락으로 인한 자산의 큰 감소로 이어질 수 있기 때문에 자산배분전략 측면에서 권장하지 않는다.

위에 3가지 측면을 고려하여 부동산에 투자하게 되면 보다 합리적인 부동산의 선택이 가능할 것이다. 필자는 부동산의 하락과 상승을 예상하는 것은 의미 없다고 생각한다.

부동산을 과거와 같이 '장밋빛'으로 생각하여 무리한 투자를 하면 안 될 것이다. 필자가 강의를 하다 보면 이와 같은 사례를 많이 보게 된다. 이제부터는 좀더 객관적인 시각에서 부동산을 바라보고 리스크를 관리하는 투자가 이어져야 할 것이다.

필자는 부동산이 오르고 내리는 것을 예상하고자 하지 않는다. 하지만 원론적인 관점에서 부동산의 미래 흐름을 말하고자 한다.

★ 수년간 자산관리사로 활동하며, 관공서 및 기업체에서
   강의 및 교육 Contents를 제공한, '김준성 자산관리사'가 전하는 tip!

7. 보험은 지출이다 하지만 필요하다

🪙 강의를 시작하면서 필자가 보험을 얘기할 때 하는 말이 있다.

"보험은 지출이다. 하지만 필요하다."

보험이 '지출'인 이유를 말해보겠다. 한국에선 환급형 보험이 대중의 마음을 사로잡았다.

바로 30년 후에 원금을 주기 때문이다.

그럼 과연 30년 후에 받는 것이 과연 '원금'을 받는 것일까?

물가 상승률 2%로 가정해보았을 때, 나의 총 보험료를 50만 원씩 낸다면 나의 30년간 원금은 1억8,000만 원이다. 하지만 여기서 우리가 알아야 할 점은 그 당시 화폐가치는 약 1억 원이다. 그렇다면 우리는 8,000만원의 손해를 본 것이다. 여기서 더 나아가 50만 원을 30년간 저축을 해서 매년 수익률 4%가 났다면 3억3천만 원의 돈을 모을 수 있다. 1억5천만 원의 손실이 난 것이다. 이처럼 100%로 환급을 해준다는 것이 유리한 것이 아니다.

이 때문에 필자가 보험은 '지출'이라고 언급을 한 것이다.

그렇다면 보험은 필요 없는 것일까? 대답은 '아니다'이다.

분명 필자가 보험은 지출이라고 했는데 왜 '아니다'라고 할까?

이유는 간단하다. 큰 지병과 상해를 당했을 때 나의 자산이 큰 감소를 할 수 있기 때문이다. 예를 들면, A씨가 암에 걸려 1년간 치료비가 1억 원이 청구되었다고 가정해보자.

일반가정의 경우 1억 원의 치료비 때문에 가정의 경제가 매우 어렵게 될 것이다. 만일 보험이 있었다면 이 문제는 해결되었을 것이다.

그렇다면 보험을 우리는 어떻게 생각해야 하고 준비해야 할까?

필자는 강의 중에 이와 같이 정리한다. "보험은 최소의 비용으로 최대의 효과를 올려야 한다."라고 말이다.

쉽게 풀이한다면 "적은 보험료를 통해서 큰 질병·사망에 대비하라."라는 말이다.

하지만 말은 쉽지, 실제로 '어떻게 해?'라고 의문을 가지는 독자가 있을 것이다.

이에 대해 명쾌한 답을 제시하고자 한다.

일단 나에게 어떤 보험이 필요한지를 명확히 알아야 한다.

보험을 잘못되게 가입된 사례를 보면 많은 가정의 경우, 여성 혹은
자녀의 종신보험을 가지고 있는 경우가 많다. 종신보험은 '사망'을 주
계약으로 하지만, 질병·상해 특약을 넣을 수 있다. 여기서 알아야 할
사실은 보험료의 70% 이상이 사망보험금에 책정되어 있는 경우가
대부분이라는 사실이다. 그렇다면 여기서 필자가 질문을 던지겠다.
"당신은 자녀의 사망보험금이 필요합니까?" 혹은 "아내의 사망보
험금이 필요합니까?"에 대한 질문이다. 만일 필요하다고 한다면 이
는 불필요한 지출이라고 보기 힘들다. 하지만 만일 이는 필요 없다
고 얘기한다면 당신은 매우 '불필요한 지출'을 하는 것이다.
이처럼 우리는 '판매직원'의 말에 따라 가입하고 후회하는 경우가
많다.
하지만 이는 '판매직원'의 잘못이 아니라 '당신'의 잘못일 수도 있
다. 적어도 보험이 나에게 필요한지, 아닌지는 알아야 하는 것 아닌
가?

본인에게 어떤 보험이 필요한지 체크하는 질문지를 만들어 보았
다. 이를 작성하고 어떤 보험이 필요한지를 선택해보면 될 것이다.

Q. 첫 번째, 당신은 남성입니까? 여성입니까?

A. 만일 당신이 여성이라면 종신보험은 불필요할 수 있다. 하지만 본인의 사망보험금이 필요하면 가입해도 무방하다. 하지만 필자의 경험으로 볼 때 대부분의 한국 여성이 본인의 사망보험금이 불필요하다고 생각하는 경우가 대부분이었다.

Q. 두 번째, 당신은 얼마 정도의 사망보험금이 필요합니까?

A. 가정이 있는 경우 당신이 사망함으로써 발생할 수 있는 경제적인 리스크를 줄이기 위한 사망보험금을 책정해라! 가령 1억 원, 2억 원 등 구체적으로 적는 것이 좋다.

Q. 세 번째, 당신은 사망보험금을 자녀가 성장할 때까지만 보장하고 싶은가, 아니면 종신토록 보장하고 싶은가?

A. 이 질문을 필자가 한 이유는 자녀가 성장한 30살까지 사망에 대한 보장과 종신토록 보장은 보험료가 2배~3배 차이가 있기 때문이다. 필자의 자문으로는 '증여·상속'에 대한 대비가 아닌, 경제적인 위험에 대비하기 위함이라고 한다면 '자녀가 성장한 30살까지'의 사망보험금을 책정하는 것이 유리하다.

Q. 네 번째, 당신은 '실비'가 있습니까?

A. 현재는 생명·손해 보험사에서 실비에 가입할 수 있다. 실비는 적은 금액으로 최대의 효과를 올릴 수 있는 상품이다. 보통의 경우 특정 질병에 대한 진단비만을 지급하지만, 실비는 '임신·출산, 정신적 장애 등' 일부 항목을 제외하고는 대부분의 질병·상해를 보장하기 때문에 상당히 포괄적으로 질병·상해에 대비할 수 있다. 입원할 경우 5,000만 원까지 보장받을 수 있으며, 통원의 경우 최대 30만 원까지 보장될 수 있다.

Q. 다섯 번째, 당신은 특정 질병에 대한 가족력이 있나요?

A. 실비로 어느 정도의 질병·상해를 커버한다고 가정해본다면 특정 질병에 대한 진단비는 내가 질병이 발생했을 때, 가정의 급여의 단절 혹은 감소로 인한 경제적인 손실을 의미한다.

한국의 3대 질병 '암, 뇌, 심장'과 관련된 질병에 대한 가족력은 체크해 보아야 한다.

위 3대 질병 중에 가족력이 있는 질병의 경우, 본인의 선택에 따라 질병의 보장을 넓히는 것이 유리하기 때문이다.

Q. 여섯 번째, 당신은 보험설계사에게 가입하겠습니까? 온라인을 통해 가입하겠습니까?

A. 이 질문을 하는 이유는 보험설계사를 통해서 가입하는 것보다 온라인으로 보험에 가입할 경우 약 30% 정도의 보험료가 할인되기 때문이다. 필자의 생각으로는 당연히 저렴하게 보험에 가입하는 것이 유리하다고 생각된다.

Q. 일곱 번째, 당신 혹은 가정의 적정보험료는 얼마라고 생각하는가?
A. 얼마 정도가 적정보험료냐고 물어봤을 때, 소득대비라고 말하는 경우가 많다.

이는 잘못된 상식이라고 할 수 있다. 아니, 판매사에서 교육한 효과라고 생각된다.

보통의 경우 소득대비 10% 내외의 보험료를 책정하라고 많은 전문가들이 추천을 해왔다.

하지만 여기에는 상당한 오류가 있다. 만일 매달 1억 원을 버는 사람이 있다면 보험료로 1,000만 원을 지출하는 것이 맞는가?

당장 부채로 인해서 힘든 가정이 있다 치자. 매달 500만 원의 소득이 발생한다면 이자도 버거운데 매달 50만 원의 보험료를 지출하는 것이 맞는가?

이와 같은 소득대비 %가 기준이 아니라, 나의 보험료는 어느 정도가 적정한가가 더 중요하다.

필자는 보통의 가정의 경우 1인당 5만 원 정도가 적정하다고 생각한다. 4인 가족 20만 원 정도이며, 만일 이조차도 부담스럽다면 실비만을 가입하게 되면 4인 가족 6만 원 이하로 낮출 수 있다.

위 7가지의 질문에 답을 내렸다면 당신의 보험가입에 대한 혹은 리모델링에 관한 준비는 되었다. 그리고 이 질문에 답을 내렸다면 혼자서도 할 수 있겠지만, 이를 도와줄 수 있는 '판매 직원'이 아닌, '독립적으로 자문할 수 있는 전문가'를 찾아서 실행해본다면 매우 효과적일 것이다. 추가로, 리모델링하게 되면 손해라고 생각하는 사람들이 많다. 하지만 이는 잘못된 생각이다. 지금 손해 보는 것이 미래에 더 큰 손해를 막는다는 것을 잊지 말아야 할 것이다.

.
.
.

당신은 미혼입니까?
미혼이라면 당신의 종신보험은 불필요할 수 있습니다.

8. 법인자금의 운용에 대한 자산관리

💿 "사업을 잘해서 얻은 이익을 잘 불려서 회사의 자산을 늘려라."

개인의 자산관리만이 필요한 것이 아니다. 법인의 자산을 불려서 회사에 위기가 닥쳤을 때 혹은 회사에 투자가 필요한 시기에 큰 힘이 되어줄 것이다. 하지만 한국의 중소기업 및 중견기업의 경우 자금을 어떻게 활용해야 하는지를 정확히 모르는 경우가 대부분이다.

잉여자금을 활용한 '안정적인 투자 수익'은 법인 대표들의 많은 바람이다. 또한, 주주들의 바람이기도 하다. 하지만 이에 관한 합리적인 자문을 받지 못하는 경우가 많다.

필자가 처음 법인자금의 운용에 관한 자문을 받았을 당시, 현재 300억 원 정도의 자금운용에 관한 포트폴리오를 보고 매우 놀랐다. 이유는 개인의 자산관리보다 단순하고 포트폴리오라고 할 수 없는 구성이 되어 있기 때문이다.

'○○은행'에 단순히 '은행 금리' 위주의 포트폴리오로 구성되어 있었다.

회사가 은행 위주의 포트폴리오로 구성한 이유는 다음과 같다.

첫 번째, 은행과의 관계로 인해 특정 은행의 포트폴리오로 구성한 것이다.

두 번째, 대표 혹은 관계자가 매우 보수적인 성향을 갖고 있기 때문이다.

하지만 필자는 이에 대해 은행 위주의 포트폴리오가 아닌, 다른 구성의 포트폴리오를 제안했다. 그 이유는 안정적으로 운영되면서 은행 금리에 비해 기대수익률이 높기 때문이다.

위의 사례처럼 '법인자금'의 운용에 관한 자문을 하는 경우가 있다. 의뢰한 법인자금 운용에 관한 내용을 보게 되면 사실상 '특정금융사'에 필요한 포트폴리오이지, 실제로 법인자금을 잘 불리기 위한 '전략과 실행'이 없는 경우가 많다.

하지만 이를 인지하지 못하는 경우가 대부분이며, 이에 대해 대수롭지 않게 생각하는 경우가 대부분이다. 기업은 '경영의 수익과 자금의 수익' 둘 다가 매우 중요하다고 생각한다.

경영의 수익이 나도 자금의 수익을 묻어 두는 형태로 가면 상당 부분 기회를 잃는 것이다.

외국의 기업의 경우, 경영의 수익과 동시에 잉여자금을 운용하는 것 역시 회사의 자산을 늘리는 데 매우 중요하다는 인식을 함께하고 있다. 이는 주주의 이익에 기여할 수 있기 때문이다.

'법인자금'의 경우 공격적인 자금운용보다는 안정적으로 운영하는 전략이 필요하다.

이유는 세계 경제가 매우 급격하게 변화하고 움직이고 있고, 이로 인해 '현금 유동성 자금'의 확보가 필요하기 때문이다.

이 때문에 자금의 성격상 안정적인 자금으로의 자산 배분이 필요하다. 하지만 이 때문인지 '매우 낮은 금리'로 구성되는 경우가 대부분이다. 필자의 생각으로는 이런 '큰돈이 불려지지 않는 것(재테크를 못 하는 것)'이 안타깝다.

충분히 '유동성'을 확보하면서도 '안정적으로 운용'할 수 있는 전략이 있는데도 말이다.

그렇다면 법인자금을 잘 운용하기 위해서는 어떤 전략이 필요한가?

첫 번째, 자금의 시기에 따라 운영전략이 달라진다.

회사의 경우, 자금의 집행 시기에 따라 전략이 매우 달라진다.

만일 자금의 집행이 3년 안에 이루어진다고 한다면 안정적으로

자금을 운용해야 한다.

이를 무리하게 투자하여 '주주와 회사'에 큰 손실을 보는 경우를
종종 보게 된다.

회사자금의 경우는 안정적인 자금의 운용을 바탕으로 포트폴리오
를 구성해야 할 것이다.

두 번째, 포트폴리오 전략을 통해 투자형 자산의 비중을 가져라.

회사의 자금 역시 개인의 자산관리와 비슷하다고 할 수 있다. 특
히, 법인자금의 경우 보수적으로 운용하는 것이 필요하다. 이를 위
해서는 90%(안정형 자산):10%(투자형 자산)의 포트포리오 전략을 가지는
것이 합리적이다. 시장의 아주 크게 폭락하지 않는다고 가정한다면
전체자산의 경우 마이너스가 제한적이기 때문이다. 또한 크게 폭락
을 해도 안정형자산의 비중이 높기 때문에 큰 손해를 보지 않을 수
있다.

**세 번째, 법인자금의 운용에 관한 '객관적인 자문'을 할 수 있는 전
문가를 찾아라.**

개인 자산관리와 같이 법인자금 역시 객관적으로 자금운용에 관
한 자문을 할 수 있는 사람을 찾는 것은 매우 중요하다.

특히 법인자금의 경우, 자금의 덩어리가 크기 때문에 금융사가 탐
을 내기가 쉽고, 이 때문에 자금의 운용이 원활히 이루어지지 않을

가능성이 존재한다.

이 때문에 자금을 아무런 '이해 관계없이 자문'을 할 수 있는 전문가를 찾는 것은 매우 중요하다.

법인자금의 경우, 보통은 담당자와 회사 대표의 견해를 반영하여 특정 금융사에서 가입을 조언하는 경우가 많다.

이 경우 모두가 그러한 것은 아니지만, 상당수 충분한 자문이 이루어지지 않아 큰 손실을 보거나 아니면 '매우 낮은 금리'로 운용하는 경우가 많다.

하지만 위에 3가지를 고려하여 자금을 운용한다면 현재와는 다른 수익률과 리스크관리가 이루어질 수 있으며, 이를 통해서 합리적인 결과물이 만들어질 수 있다.

9. 재산을 늘리고 싶다면 1,000원을 아껴라 그것이 당신이 할 수 있는 가장 최선일 수도 있다

💿 "검약은 훌륭한 소득이다."

- 네덜란드의 철학자 에라스무스

월마트의 창시자 샘 월튼의 이야기이다. 샘 월튼은 20조 원이 넘는 자산을 가지고 있지만, 그의 생활은 그러하지 않았다.

그는 부유했지만 구멍가게의 점원 시절처럼 옷은 허름하면서도 편안한 옷차림을 즐겼으며, 트럭을 타고 물건을 직접 사러 다녔으며, 4명의 자녀와 수업이 끝나면 매장에서 일을 해야만 했다. 어릴 때는 자녀에게 신문 배달을 시켰는데 손자들에게도 똑같이 시켰다.

그는 1센트의 소중함을 늘 강조했다.

필자는 강의와 자문을 하면서 많은 사람들을 보게 된다. 그러면서 돈이 모이지 않는 이유 중에 상당수가 지출의 통제가 이루어지지 않아 생기는 문제임을 보게 된다.

미국의 부호인 '록펠러 가문'을 일으킨 존 데이비슨 록펠러. 그는 아들인 록펠러 2세에게 용돈을 넉넉하지 주지 않고 '용돈 기입장'을 쓰도록 한 사실은 많은 사람에게 알려진 사실이다. 데이비슨 록펠러 가 용돈 기입장을 쓰게 한 것은 "작은돈을 아껴야 큰돈을 아낄 수 있기 때문이다."

커피 한 잔을 아끼면 1억 원을 모을 수 있다.

분류	합계
커피	4,000
매달	30잔
기간	30년간
평가금액	약 1억 원

* 매달 저축 및 투자 포트폴리오가 5% 수익이 발생한다는 전제

하지만 대부분은 지출의 중요성을 알지 못하고 있다. 하지만 위에 도표를 보게 되면 작은돈을 왜 아껴야 하는지를 알 수 있을 것이다.
자수성가로 성공한 부자들의 경우, 작은 것을 아끼는 버릇으로 인해서 큰돈을 아낄 줄 안다.

우리는 저축을 크게 해야만 하는 것으로 착각한다. 그리고 저축

을 하는 것을 미루는 경우가 대부분이다. 필자는 강의 중에 질의응답을 많이 받으면서 강의를 이어가는데, 실제 강의 중에 만난 5년차 직원인 A 씨와 B씨는 같은 직장생활과 월급을 받았지만 둘의 자산은 매우 달랐다.

A씨는 1,000만 원을 모았고, B씨는 1억 5천만 원을 가지고 있었다. 참 아이러니하게도 이 둘은 거의 비슷한 환경이었다. 부모님과 같이 생활하기 때문에 본인의 지출 이외에는 지출이 나갈 일이 없었다. 하지만 왜 이 둘의 자산의 차이는 크게 날까?

A씨는 300만 원을 수령하게 되면 '술, 유흥, 데이트 비용, 높은 보험료 등'으로 소비하고 있었다. 그런데 문제는 A씨는 이 문제에 대해서 심각하고 중요하다고 생각하지 않았다. '이제부터라도 모으면 되지?'라는 생각으로 계속 미루고 있었다. 필자 생각에는 A씨는 앞으로도 모으기가 쉽지 않을 가능성이 매우 크다. 이유는 간단하다. 이미 '지출에 대한 습관'이 몸에 배어 있기 때문에 쉽게 지출을 줄이기가 쉽지 않기 때문이다.

반대로, B씨의 경우 매달 '230만 원 정도'를 저축하는 습관을 지니고 있다. 그는 저축을 매달 일정한 금액으로 하기 때문에 70만 원 정도의 금액으로 생활해야 했고, 5년간 이와 같은 습관을 유지했다. 그래서 A씨의 자산과 B씨의 자산은 1억 4천만 원의 차이가 난 것이다.

여기서 이 둘의 차이는 더욱더 벌어질 가능성이 크다.

만일 A씨가 B씨와 같은 금액을 이후부터 하더라도 상당한 자산의 차이가 발생할 것이다.

분 류	1,000만 원	1억4천만 원
5년 후 평가금액	약 1천3백만 원	약 1억8천만 원
10년 후 평가금액	약 1천6백만 원	약 2억3천만 원

* 매년 5%의 수익이 난다는 가정하에 1,000만 원과 1억 4천만 원의 미래의 평가금액

위에 도표와 같이 현재 자산을 같은 수익률이 난다는 가정하에 평가금액을 보게 되면 10년 후에는 약 2억1천만 원의 차이가 발생한다.

이처럼 B씨는 목돈이 A씨에 비해서 많기 때문에 더욱더 자산액의 차이는 많아지는 것이다.

"이것이 지출의 통제가 돈을 모으는 데 매우 필요한 이유이다."

하지만 많은 사람들이 이에 대한 인식이 매우 약하다. 또한, 이것은 훈련을 통해서 가능하다는 것을 모르는 경우도 많다.

그럼 우리가 B 씨처럼 잘 모으기 위해서는 어떤 훈련과 전략이 필

요할까?

필자는 수년간의 연구 및 Testing을 통해서 얻은 경험을 바탕으로 몇 가지의 지출의 통제 습관을 제시하고자 한다.

첫 번째, (선)저축금액을 정하고 (후)지출을 정해라.

우리는 보통의 경우 쓸 것을 다 계산하고 저축을 시작한다. 이러다 보니 지출이 중심인 것이다. 이와 같은 패턴으로의 저축의 습관은 '지출'이 중심인 저축의 습관이다.

이와 반대로 '저축금액을 정하고 내가 얼마 정도를 매년 모을 것인지에 대한 목표'를 설정하고 지출을 해라.

두 번째, 지출의 경우 의지에 조절이 가능한 지출과 의지와 상관없이 나가는 지출로 나뉜다.

의지와 상관없이 나가는 지출의 경우 카드로 사용하고, 의지에 의한 지출은 현금으로 사용하는 것이 지출을 통제하는 데 도움이 된다.

의지와 상관없이 나가는 지출은 '통신비, 교통비, 교육비, 공과비 등'이 있을 수 있다. 그럼 의지에 의한 지출은 '문화비, 외식비, 식비 등'이 있을 수 있다.

그런데 의지에 의한 지출을 현금으로 사용하는 이유는 현금이 카드보다 지출을 통제하기 쉽기 때문이다. 한 달 동안 쓸 지출 중 의지에 의한 지출의 금액을 정해두고 이 금액만을 사용하는 습관을 가져야 할 것이다.

필자는 이를 위해서 봉투를 활용하는 법을 제안한다.

예를 들면, 한 개의 봉투에 내가 의지로 인해 조절할 수 있는 지출의 금액을 100만 원을 정해두었으면 넣어 둔다.

그리고 이 정해진 금액을 지출하다가 만일 30일 전에 100만 원을 모두 지출했다면 이번 달의 의지에 의해 조절할 수 있는 지출은 없는 것이다.

이와 같은 방법으로 지출을 통제하게 되면, 지출이 상당히 줄어드는 것을 필자는 Testing을 통해 알 수 있었다. 또한, 봉투에 영수증을 넣어 둔다면 기록의 효과도 있어 가계부를 쓰는 번거로움을 피할 수 있다.

필자가 위에서 제시한 두 가지의 지출의 습관의 방법은 결코 어려운 것이 아니다.

누구나 할 수 있는 일이다. 그리고 이를 통해서 저축금액이 늘어나는 것을 필자는 많이 볼 수 있었다.

"이제는 실제로 해보는 것이 중요하다."

"아는 것은 중요하지 않다. 실제로 하는 것이 중요하다."

지출의 통제는 두세 번을 강조해도 부족하지 않다.

돈을 모아야 '재테크'를 효과적으로 할 수 있다. 돈이 없는데 어떻게 자산을 불릴 수 있을 것인가? 이는 로또에 당첨될 확률과 비슷할 것이다.

필자가 강의와 많은 사람들의 자문을 통해서 얻은 것은, 지출이 기본이 되지 않으면 결코 돈은 불지 않는다는 것이다. 이를 간과하지 않았을 때 당신의 자산은 증가하게 될 것이다.

10. 노후 준비 언제 해야 하며 어떻게 해야 할까?

■ 노후 준비를 해야 하는 이유가 무엇일까? 이는 근본적인 질문이다.

필자는 이에 대해 이와 같은 질문을 던지고자 한다. "당신은 은퇴 이후에 어떤 수입으로 생활할 것인가?" 이것이 가장 핵심적인 질문일 것이다.

필자는 노후 준비는 '내가 경제적인 활동을 하지 못하거나 소득이 급감하는 시기'에 어떻게 생활하고 싶은지에 대한 질문이 매우 필요하고 생각한다.

하지만 우리의 노후 준비는 거의 무방비 상태이다. 물론 국민연금을 준비하고 있지만, 대부분의 경우 국민연금 만을 가지고는 '기존에 살아왔던 삶의 방식'으로 살아갈 수 없다.

이 때문에 퇴직 이후에 '경제적인 우울증'이 심화하고 '노후에 경제적인 문제로 인해서 황혼이혼'까지 하는 경우가 있는 것이다.

그렇다면 노후는 언제 시작해야 하며 어떻게 준비해야 할까?

필자의 대답은 '지금부터'이다. 적은 금액이라도 지금 준비해라. 이
것이 당신의 미래에 도움이 된다. 이유는 아래의 도표를 보면 알 수
있다.

30살	500,000	65살	₩541,921,844	210,000,000
40살	500,000	65살	₩286,362,593	150,000,000

위 도표를 보게 되면 알 수 있듯이 30살에 연금을 위해 매달
50만 원을 준비하는 경우 매년 수익률 5%라고 가정하면 약 5억4천
만 원을 준비할 수 있다. 동일 조건으로 40살에 준비한 사람은 약
2억8천 만원을 준비할 수 있다.

30살에 준비한 사람과 40살에 준비한 사람의 노후준비액은 약
1.8배 정도의 차이를 볼 수 있다.

이들의 원금이 6,000만 원의 차이라고 본다면 일찍 준비함으로써
노후준비자금의 차이가 약 2억 원 정도 난다는 것을 볼 수 있다.

이처럼 노후준비는 어린 나이에 준비할수록 유리하다.

하지만 현재의 삶에 집중하기 때문에 노후준비를 계속해서 미루게 되는 경우가 많다.

이에 필자는 본인의 소득에서 적어도 10% 정도를 준비하라고 제안을 하고 싶다.

10%는 노후준비자금으로서 회사에서 4대 보험료를 차감하고 소득을 지급하듯이 의무적으로 10%를 노후준비를 위해 사용해라. 미루지 말아라.

두 번째, 필자가 강조하고자 하는 것은 내 자산과 노후자산을 구별해야 한다.

"당신의 순자산 중 노후자산이 차지하는 비중이 얼마인가?"라고 질문을 하면 대부분의 사람은 대답을 하지 못한다. 하지만 매년 이를 체크하는 것은 매우 중요하다.

이유는 은퇴 시기에 가까워질수록 노후자산의 비중을 높여야 하기 때문이다.

예를 들면, 남성의 나이 55세인 사람이 60세에 은퇴한다고 가정해보자.

그런데 그의 자산은 부동산 자산 4억 원, 노후형 자산 1억 원을 가지고 있다.

이 경우, 순자산 5억 원이면 사실상 일반적인 가정을 기준으로 하면 결코 적은 금액을 가지고 있는 것은 아니다. 하지만 필자의 시각으로 볼 때 이 가정의 경우, 은퇴 이후에 위험이 곧 올 것이라고 생각한다. 이유는 노후형 자산이 1억 원 정도로 준비되어 있기 때문이다.

매달 200만 원 정도 생활비로 부부가 생활한다면 약 5년 정도면 노후형 자산은 바닥이 날 것이다. 그리고 아마도 준비도 안 된 상태에서 부동산을 매각해야 하는 일이 발생할 것이다.

이 사람이 지금 현재 필요한 것은 5년 후의 나의 미래를 생각해서 미리 부동산 자산을 줄이고, 노후형 자산의 비중을 높일 필요가 있다. 이를 통해서 좀 더 현명한 노후를 보낼 수 있다.

그럼 나이대별로 노후형 자산의 비중은 어떻게 하는 것이 합리적일까?

나이대	30대	40대	50대	60대
비율	10%	20%	50%	60%

위의 비중처럼 하는 것이 가장 이상적으로 보인다.

50대~60대에는 사회적인 경제적인 위치가 하락하고 건강상의 문제가 발생할 수 있는 시기이다. 이 때문에 이 기간에는 '불로소득'이 발생해야 심리적인 안정감을 가질 수 있다.

따라서 50대부터는 좀 더 노후의 준비에 비중을 높여야 할 것이다.

하지만 한국 경우 대부분 이를 준비하지 못하는 게 실상이며, 부동산에 거의 모든 자산이 집중되어 있다. 이 때문에 부동산의 하락은 한국의 노후 및 경제에 큰 위험요소이다.

세 번째, 필자가 강조하고 싶은 내용은 나이가 들수록 공격적인 자산보다는 안정적인 자산을 선호해야 한다는 것이다.

그런데 아이러니하게도 많은 은퇴자들이 '시간적인 여유와 넉넉하지 못한 노후자산'으로 인해서 '잘 알지 못하는 주식'에 투자하는 것이 필자의 눈에 많이 보인다. 이는 정말 위험하다.

필자가 이 같은 애기를 하는 이유는 주식설명회 같은 곳에 보면 참가 인원 중에 노인들이 상당수 있기 때문이다. 매우 이상한 일이다. 노후에는 안정형 자산으로, 젊을수록 투자형 자산에 투자해야 함에도 60대의 중년층이 앉아 있는 것이다.

이 때문에 열심히 일해서 모은 자산을 탕진하고 '길거리에 내몰리는 중년층'이 늘어나는 것은 사회적으로 볼 때 매우 슬픈 일이라 할 수 있다.

필자는 60대의 투자형 자산의 비중은 20% 이상 늘리지 말라고 강의 및 자문을 통해서 강조한다. 그렇게 해야 투자형 자산이 떨어지더라도 자산의 큰 변화를 초래하지 않기 때문이다.

이 글을 읽는 독자 중에 60대가 있다면 이 말을 기억해야 할 것이다.

【 10-1 도표 】 연령대별 투자 비중

연령대	30대	40대	50대	60대
비율	50%	40%	30%	20%

위에 10-1 도표처럼 나잇대별 최대 투자 비중의 한도이다. 나이가 늘어남에 따라 투자형 비중은 작아지는 것을 볼 수 있다. 이유는 투자는 투자 기간이 길어짐에 따라 위험을 줄일 수 있고, 젊을수록 투자원금 손실의 회복을 할 수 있는 소득의 안정화가 있다. 하지만 나이가 늘어남에 따라 '소득의 불안정과 투자 가능 기간이 길지 않다'. 이 때문에 나잇대가 올라감에 따라 안정형 자산의 비중을 늘려야 하는 것이다.

마지막으로 강조하고 싶은 내용은 노후준비를 위해 믿을 수 있는 전문가에게 자문을 받아 준비하고 관리를 받아야 한다.

필자는 강의하면서 본인에게 맞지 않는 노후를 위한 금융상품에 가입하는 사례를 보게 된다. 예를 들면, 젊을수록 투자가 가능한 금융상품에 가입해서 노후자산을 불리는 것이 유리하다. 하지만 대부분의 경우, 7년 정도 돼야 원금 정도 되고, 10년을 준비해도 수익률이 10% 정도밖에 안 되는 상품에 가입하는 경우가 많다. 대부분 '복리, 비과세'라는 얘기를 듣고 혹하는 마음에 가입한 상품이다. 하지만 "10년을 준비해서 나의 자산이 10%밖에 늘지 않는 금융상품인 것을 알고 있나요?"라고 질문을 던지면 대부분은 "몰랐다."가 대부분이다.

참 이상한 일이다. 본인의 미래에 관한 상품인데도 잘 모를 수 있을까? 하지만 이것이 한국의 금융상품에 가입하는 현실이다. 이유는 금융상품을 판매하는 대상자들이 고객 중심의 사고보다는 판매에 급급한 경우가 많기 때문이다.

이에 대한 위험을 줄이기 위해서는 '당신의 미래에 대해서 깊이 있게 고민할 수 있는 전문가를 찾는 것'은 매우 중요한 일이다. 이유는 필자가 강조했듯이 노후준비는 매년 체크 및 관리가 필요하다. 이를 위해서는 전문가가 지속적으로 관리를 해주어야 하기 때문에 전문가를 찾는 것이 아주 중요하다.

11. 당신에게 '돈'은 어떤 의미인가?

◉ 필자는 '돈'이 무엇인가에 대한 아주 근본적이지만 철학적인 의미를 자주 생각을 한다.

돈은 '내가 필요한 재화'를 구매할 수 있는 필수적인 수단이다.

돈이 생기기 전에는 재화의 교환을 통해서 필요한 물건을 구매할 수 있었지만, 지금은 돈이라는 아주 유용하고 편리한 시스템이 만들어졌다.

'화폐'를 만들 때는 재화의 교환이 매우 번거로운 일이기 때문에 생긴 '인간의 교환 수단'이었다. 그게 전부였다,

하지만 인간은 '돈'이라는 것을 '욕망'의 수단으로 쓰기 시작했다. 어느 순간에 내가 필요한 물건이 아닌 '욕망과 과시'라는 수단으로 사용하기 시작한 것이다.

당신은 '욕망의 과시'라고 생각하지 않는가?

필자가 아래의 질문하는 것에 "아니오."라고 대답할 수 있는가?

"당신은 브랜드 있는 운동화를 신는 이유가 무엇입니까? 정말 제품의 질이 좋아서인가요?"

요즘에는 브랜드가 없어도 질 좋은 운동화를 저렴하게 살 수 있는 시대에 살고 있다. 하지만 브랜드가 없으면 사람들은 '싼 제품'이라는 생각을 한다. 그리고 브랜드가 없는 운동화에 대해서 부끄러움을 가지고 있다.

한참 △△비통이 유행한 적이 있다. 그 당시 너무 많은 사람이 매고 다녀서 '삼순이 가방'이라고 얘기하기까지 했다. 쉽게 말해서 '누구나 매는 가방'이라는 뜻임을 필자는 나중에 알게 되었다. 그런데 이 가방이 다른 가방에 비해서 매우 훌륭하다는 것은 매우 주관적인 판단일 것이다. 분명한 것은 이 브랜드 제품을 사고 싶은 이유는 '다른 사람에게 과시하기 위한 수단'이었다.

필자의 지인 중에는 부채에 허덕이는 삶을 살고 있는데 비싼 브랜드 제품을 구매하는 사람이 있다. 필자는 그에게 만날 때마다 잔소리를 늘어놓았지만, 그의 생활방식은 바뀌지 않았고 지금은 신용불량자로 전락하고 말았다.

그가 부채를 많이 지고 있음에도 변화하지 못한 이유는 무엇일까?

필자는 명확히 말할 수 있다. "돈에 대해 깊이 있는 고민을 하지 못했기 때문이라고 생각한다."

필자는 강의 중에 "당신에게 돈은 무엇인가?"라는 질문을 자주 던지곤 한다.

이때 많은 사람들이 대답을 못 하는 경우가 대부분이다.

이에 대해 필자는 돈은 '나와 나의 가정을 지키기 위한 수단'이라고 강의 말미에 말한다.

결코, 부자가 목적이 아니어야 된다고 얘기한다. 이에 대해서 독자들에게 "동의하십니까?"라는 질문을 던지고 싶다.

부자가 된들 "내가 불행하고 나의 가정이 불행하다면… 이게 무슨 의미일까?" 어찌 보면 아무 의미 없는 것일 수 있다.

많은 사람들이 "돈만 있으면….."이라는 얘기를 많이 한다. "다 살 수 있을 텐데."라는 생각을 많이 한다. 하지만 많은 부자는 "다 할 수 없고, 적지 않은 사람들이 불행한 삶을 살아가는 경우도 많다."라고 얘기한다.

필자의 지인 중에 매달 1억 원 정도의 임대료가 나오는 분이 계시다. 이분의 경우 매우 근검절약하시며 똑똑하신 분이다. 부모의 도움 없이 50대에 이와 같은 자산을 이루는 것은 쉬운 일이 아니다. 그리고 어찌 보면 모두가 부러워하는 사람일 수도 있다.

하지만 이 부자는 행복해 보이지 않았다. 얼굴은 항상 근심이 있었다. 나는 조심스레 술자리에서 이분에게 물어봤다. "선생님의 경우, 남들이 부러워할 만큼 많은 자산을 가지고 계시는데 얼굴에는 근심이 보이십니다. 이유를 여쭤봐도 될까요?"라고 아주 조심스럽게 물어보았다.

그분의 대답은 나에게 큰 충격이었고, 나의 삶에 큰 영향을 끼쳤다.

"사실 나는 돈을 모으기 위해서 정말 열심히 살았네. 아니, 돈만 있으면 다 되는 줄 알았지. 그런데 막상 남들이 부러워할 만한 돈이 있지만, 젊은 시절 가족들과의 추억도 없고, 가끔 자식들과 여행을 가도 아이들과 나는 따로 노는 기분일세…. 외롭네."라고 하였다.

참 이상한 일이다. 그는 남들이 부러워할 만한 자산을 모았지만, 그는 지금 행복하지 않다.

나는 그분과 이것저것 얘기를 하고 나서 거의 1년 동안 고민을 했던 것 같다.

"돈이 무엇일까?"

이에 대한 나의 대답이 바로 '나와 나의 가정을 지키기 위한 수단'인 것이다.

우리는 어느 순간 '돈의 노예'가 되어버리고 말았다. 불행한 것은 돈이 없어서라고 귀결하는 경우가 많다. 사실 돈이 없어서가 아니라 내가 작은 것에도 행복을 느끼지 못해서일 수도 있는데 말이다.

필자가 어린 시절에는 '수입자유화'가 이루어지지 않는 상태였다.

그래서 바나나의 가격은 매우 비싸게 거래되었다. 필자의 기억으로는 바나나의 한 송이가 1,000원 정도 한 시절이 있었다. 그 당시 돼지고기 한 근이 천원이라는 것을 가정한다면 매우 비싼 금액이었다.

그 당시 필자의 어머니가 바나나 한 송이를 사주면 '세상에서 가장 행복한 사람'이 되곤 했다.

그런데 이상하게도 지금은 식탁에 바나나 한 다발이 있어도 지금은 행복하지 않다. 매우 흔하고 싼 과일이 됐다. 만일 한 송이에 10만 원이라면 한 송이의 소중함과 맛을 느끼면서 행복해할 수도 있을 것이다. 이것이 인간이다.

희소한 것에는 남들이 못 먹는 것을 먹는다는 기분으로 즐거워하고 행복해한다.

필자는 돈의 노예가 되지 않기 위해서는 '내가 행복해지기 위해 돈은 어떤 용도를 쓸 것인가'에 대해 고민을 해야 한다고 생각한다.

어떤 사람은 돈은 '다른 사람과 나누는 기부'의 대상이 될 수도 있다. 그것이 그의 행복의 조건일 수 있다. 어떤 사람은 '부모에게 효도의 대상'으로 생각할 수 있다.

하지만 필자가 가장 경계하는 바는 '돈은 많을수록 좋다'라는 생각이다.

자문의 경험으로 볼 때 이는 매우 '착각일 수 있다'. 그리고 '답이 아닐 수 있다'.

당신이 돈의 주인이 되기 위해서는 '돈'을 어떻게 다룰 것인가에 대한 명확한 인식과 철학이 있어야 한다.

그렇게 돈을 다루면 당신은 적은 것에 대해 불평을 하지 않을 수 있다.

대부분 가정은 자녀를 잘 키우고 잘 결혼시키고, 나의 노후에 행복하기를 희망한다. 사실상 많은 돈이 필요하고, 이와 같이 하는 것은 결코 쉬운 일이 아니다.

그래서 '돈'은 우리에게 매우 필요한 대상이다. 하지만 돈이 없다고 불행할 필요는 없다. 물론 불편할 수는 있다. 하지만 돈이 없다고 불행하다면 우리의 삶은 돈의 노예가 되는 것이다.

돈을 다루는 일을 하고 있으며, 이를 통해 강의하는 필자가 이와 같은 주제를 가지고 얘기하는 것이 이상한 일일 수 있다. 하지만 돈을 다루기 때문에 '돈'에 대한 철학이 중요하다는 것을 알고 있다.

돈을 잘 모으고 미래를 준비하기 위해서는 '돈에 대한 분명한 철학'이 있어야 건전한 자산관리가 이루어질 수 있으며, '행복한 돈'을 만들 수 있다.

이는 수년간 필자가 많은 사람들과 대화와 소통을 하면서 얻은 결과이다.

"당신은 돈 때문에 행복합니까?"

12. 수익보다 리스크 관리가
더 중요하다

　　　　　　🪙 신은 투자에 있어서 두 가지의 선택지
를 주었다. '수익과 리스크'이다.

　그런데 우리는 두 가지의 선택지 중 한 가지만을 선택하지 않아도
된다. 둘 다 이용할 수 있다.

　많은 사람은 둘 중에 하나이다. 투자를 매우 두려워해서 아무것도
하지 않는 사람과 투기에 가까운 투자를 매우 즐기는 사람이다.

　그런데 필자의 생각에는 둘 다 매우 잘못되었다고 생각한다. 투자
를 매우 두려워해서 아무것도 하지 않는다면 재산은 불리기가 쉽지
않다. 반대로, 투자의 환상만을 가지고 무리하게 투자하는 것은 전
재산을 잃을 수 있다.

　그럼 우리는 어떻게 합리적인 투자를 할 수 있을까?

　필자에게 투자에 있어서 가장 중요한 것이 무엇이냐고 물어본다면,
필자의 대답은 바로 '리스크를 고려한 투자'를 해야 한다는 것이다.

수익보다 리스크 관리가 중요하다는 것을 모르는 사람은 없다. 하지만 대부분의 경우 투자를 생각하면 투기를 생각하기 쉽고, 실제로 도박에 가까운 투자를 한다.

주식에 투자해서 이익을 본 사람이 있으면 거기에 혹해서 투자를 했다가 손해를 본 경우가 매우 많다.

사실상 '묻지마 투자'인 것이다. 남의 말만 믿고 투자하는 방식이다.

이렇게 우리나라에서 '묻지마 투자'가 있는 경우를 필자는 한 번도 자산관리 교육을 받지 못한 환경 때문이라고 생각한다. 초·중·고등학교, 대학교, 대학원까지 특수 학과를 제외하고는 자산관리 교육을 받을 기회가 없다. 필자는 매우 아이러니한 상황이라고 생각한다. 자본주의에서 '돈 관리 방법'은 매우 필요한데 말이다.

유대인들의 경우 '자녀에게 돈 관리 방법'을 매우 중요하게 생각한다. 이 때문인지 유대인들은 세계 각국에서 '부자'의 명단에 오를 수 있었다.

필자는 자산관리에서 수익보다 리스크 관리가 더 중요한 것을 많은 경험과 사례를 통해서 알고 있다. 주식에 우연히 수익을 낸 사람이 본인의 실력으로 착각하여 무리하게 투자하여 퇴직금을 날리고 집까지 대출을 받아서 전 재산을 날린 사례부터 종류는 여러 가지이다. 이런 이유가 무엇일까?

이유는 "투자에 대해서 모르기 때문이다."

그럼 투자는 무엇인지에 대해서 알아보도록 하자

투자와 투기의 차이점을 말한다면 리스크를 최대한 고려하는 것이 투자이며, 투기는 수익만을 최대한 고려하는 투자이다.

필자가 쉽게 설명해보면, 아파트를 구입할려고 하는 사람이 있다. 아파트의 가격은 현재 4억 원이며 A, B가 가지고 있는 현재 자산은 2억 원이라고 가정해보자.

매년 2억 원의 이자는 3%이기 때문에 매년 600만 원의 이자 발생하고, 종부세 0.4%를 가정하면 매년 아파트의 가격이 상승하지 않는다고 가정하면 이 아파트를 구입함으로써 발생하는 나의 지출은 760만 원이다. 여기에 물가상승률 2%를 가정하게 되면 아파트의 가격변동이 없을 경우 손해액은 약 연 1,000만 원이다.

그런데 A, B의 의사결정은 매우 다르게 나타날 수 있다.

A는 아파트의 가격이 하락할 수 있다고 가정하고 현재의 2억원 의 대출은 무리가 있다고 판단한다. 대출이 무리가 아니면 A 역시 구입할 의사가 있지만, 현재 상황에서 아파트의 가격이 상승하지 않거나 최악의 경우 떨어지게 되면 매년 최소 1,000만 원 이상의 손해를 보는 상황이어서 포기한다.

하지만 B는 주변의 의견과 본인의 확신으로 오를 것이라고 생각한다. 이 때문에 부채를 지는 것은 충분히 만회할 수 있다고 생각한다. 그래서 구입을 결정한다.

A, B의 의사결정 중 당신이 선택할 수 있는 것은 무엇인가?

아마도 독자 대부분은 B일 가능성이 매우 크다. 강의 중이거나 자문을 통해서 만난 사람들은 대부분 B의 선택을 해서 손해를 본 사람도, 이익을 본 사람도 있기 때문이다.

그렇다면 무엇이 맞고 틀리다를 말하기 전에 다음은 당신에게 묻는 필자의 핵심적인 질문이다.

"만일 부동산 가격이 내려간다면 당신은 평생 모은 자산을 상당 부분 잃을 수 있다. 그래도 감내할 수 있는가?"

물론, 아파트의 가격이 상승한다면 문제가 되지 않지만, 내려간다면 당신은 감당할 수 있는가?

필자의 지인 중에 한 분이 32평 아파트를 구매했다. 그 당시 평당 1,500만 원에 매입했는데, 현재는 평당 1,100만 원으로 거래되고 있다. 이분의 경우 현재 2억 원 정도의 대출을 가지고 있고, 이자 손해액만 6년간 6,000만 원이며, 매매로 인한 손해액만 약 1억3천만 원이다. 6년간 1억9천만 원의 손해가 발생한 것이다.

매우 슬픈 일이다. 어찌 보면 평생 모은 재산을 한순간의 '선택의 실수'로 잃어버린 것이다.

물론, 부동산에서 수익을 얻는 경우도 있다. 주식으로 큰 수익을 낸 사람도 있다.

하지만 필자가 얘기했듯이 부동산·주식에 무리하게 투자하여 재산의 상당 부분을 잃은 경우도 많다.

그럼 필자가 다시 질문을 던져보고자 한다.

"당신은 평생 모은 재산을 지키고, 큰 수익은 아니지만 불려가고 싶은가? 큰 수익을 얻을 수 도 있지만, 평생 모은 재산을 상당 부분 잃어도 투자할 것인가?"

이 질문에 당신이 전자가 아닌 후자라고 하면 위험을 고려한 투자에 대해서 고민하지 않아도 된다. 하지만 전자라면 필자의 말에 반드시 귀를 기울여야 할 것이다.

그럼 위험관리를 통한 투자의 어떤 자세가 필요할까?

첫 번째, 일단 떨어질 수 있다는 가정하에 투자를 해야 한다. 그래야 무리하게 투자 하지 않고 현재를 객관적으로 선택할 수 있다.

떨어지게 되면 나의 자산에 큰 영향을 끼치지 않는지를 확인해야 하며, 어느 정도의 투자손실을 감당할 수 있는지를 정해야 한다.

예를 들면, 1억 원의 투자를 했을 때 나의 자산 중 −20%까지 투자손실을 감당할 수 있다면 -20%가 하락하게 되면 과감하게 미련 두지 않고 매도를 해야 할 것이다. 아니면 투자손실은 더욱 커질 것이다.

두 번째, 투자손실을 줄이기 위한 방법을 찾아야 한다.

현재의 투자방식에 문제가 없는지와 리스크를 줄이기 위한 다른 대안이 없는지를 끊임없이 찾아보고 전문가에게 물어봐야 한다.

단, 전문가에게 물어볼 때 유의해야 할 것은 투자 대상의 이해관계자에게 자문을 구하는 것은 매우 어리석은 일이다. 이유는 투자 대상의 이해관계자는 당신에게 투자해야 하는 이유만을 떠들 것이기 때문이다.

세 번째, 투자는 기간이 길어지면 위험도가 줄어드는 경향이 있다.

우리는 과거에 리먼 사태로 인해서 주가가 반 토막 나는 것을 경험했다. 모두 주식시장에서 매도했고, 특히 개인투자자들은 눈물을 머금고 팔아야만 했다.

그런데 현재의 주가는 2,000P이다. 주가가 회복한 것이다.

즉, 투자 기간이 길어지면 위험도는 줄어들기 때문에 투자를 할 때는 단기적인 접근보다는 중장기적인 시각으로 투자해야 할 것이다.

투자 시에는 필자가 말한 위에 3가지를 기억해야 할 것이다.

위에 내용을 요약해서 질문을 던진다면 아래와 같을 것이다.

첫 번째, 당신이 투자한 것이 떨어진다면 당신은 어느 정도의 손해를
감당할 수 있는가?

두 번째, 당신은 투자손실을 줄이려는 방법을 면밀히 검토를 해보았는가?

세 번째, 당신은 투자 기간이 어느 정도 가능한가?

필자는 자산관리사로서 활동하면서 강의 및 경제적인 자문을 하
면서 항상 위험에 대해 언급을 한다. 이유는 현명한 투자를 해야 하
기 때문이다.

워런 버핏, 벤저민 그레이엄 등 세계적인 투자가 역시 위험을 줄이
기 위해 '가치적인 투자, 장기적인 투자' 등을 얘기하곤 했다.

이처럼 전문가 역시 위험도를 줄이기 위해 끊임없이 연구하고 노
력하는데, 당신은 혹시 이런 위험을 확인하지 않고 현재 투자하거나
투자할 예정은 아닌가?

필자는 투자 없이는 자산은 불지 않는다고 생각하는 사람 중의 하
나이다. 투자는 매우 중요한 영역이며, 투자 없이는 자산은 쉽게 불
지 않는다.

유대인이 세계금융을 장악할 수 있었던 이유는 투자를 잘했기 때
문이다.

하지만 위험을 고려하지 않는 투자는 도박과 같다는 것을 반드시
알아야 할 것이다.

13. 자산관리는 독립재정자문사에서 자문을 받는 것이 답이다

🍥 "사과 장사를 하는 사람은 사과를 팔아야 하고, 배 장사는 배를 팔아야 한다. 아무리 배 장사하는 사람이 사과가 더 지금 계절에는 맛있다고 판단했어도 배를 팔아야 한다."

만일 배 장사가 "옆집에 있는 사과가 더 맛있으니 옆에 있는 사과를 사 먹어라."라고 추천한다면, 이 배 장사는 아마도 곧 문을 닫아야 할 것이다.

필자의 관점에서 배 장사를 하는 사장이 사과 집을 추천하는 것은 합리적으로 보이지 않는다.

자본주의는 매우 합리적이고 목적이 분명하다. 자본주의에 있어서 조직은 돈을 벌어야만 한다. 그래야 직원들 월급, 임차, 기술개발 등의 비용을 지급할 수 있기 때문이다.

이 때문에 조직은 수익을 극대화하기 위해 끊임없이 노력한다.

정당한 비용을 지급하고 소비자가 만족을 한다면 이것에는 합리성이 존재한다.

하지만 지급한 만큼이 소비자에게 만족감을 주지 못한다면 소비자는 불만을 표시할 것이다.

현재의 금융 환경이 그러하다고 필자는 생각한다.

모든 사람에게 적용되지는 않지만, 많은 부분에서 '불합리한 금융 상품 선택'으로 인한 피해사례가 늘고 있다.

은행·증권사·보험사 등 금융의 이해관계자는 각자의 수익구조를 가지고 있다. 이 때문에 자산관리에 있어서 한계를 가지고 있다. 또한, 같은 부류의 사업군이어도 각 회사의 이해관계에 의해서 담당 영업사원들은 상담을 해야만 한다. 이것이 현재 증권사 창구에 손님이 과거에 비해서 현저히 줄어든 이유라고 필자는 생각한다. 기업은 이익을 목적으로 한다. 이는 아주 당연하다. 금융에 있어서 이해관계자들이 잘못된 것이 아니다. 그들은 그들의 목적을 위해서 매우 당연한 활동을 하고 있는 것이다.

모든 금융사의 이해관계자들이 이익만을 목적으로 자문을 하지 않는다. 하지만 필자의 경험으로는 상당 부분 회사의 이익을 위한 상담이 이어진다.

"독립자문을 받을 의사가 있습니까?"

【 12-1 KDI '이해 상충 및 개선방안' 】

전체(1,600명)	보험(800명)	펀드(800명)
57.9%	56%	59.9%

하지만 만일 이해 관계없이 자산관리에 관한 자문을 받는다면 이는 소비자 입장에서 매우 유리하다. 왜냐하면, 소비자에게 가장 유리한 금융상품을 제안받고 관리받을 수 있기 때문이다.

한국의 경우, 자산관리라고 하면 돈이 있는 사람들 많이 받는 서비스라고 생각하는 경우가 많다. 사실은 이는 어찌 보면 당연하게 들릴지도 모른다.

하지만 필자의 생각은 다르다. "부자는 돈이 없어도 생활하는 데 전혀 문제가 없다." 어찌 보면 필수가 아니라 선택이다. 하지만 한국의 서민들은 "돈이 불어야 하며, 그래야 자녀교육 및 노후를 해결할 수 있다." 서민들에게 자산관리는 선택이 아니라 필수이다.

그런데 왜 우리는 자산관리 서비스가 '부자의 서비스'라고 생각을 했을까?

이는 금융사에서 '자산관리서비스를 특정 부자에게만 제공'했기 때문에 일반 대중이 이 같은 생각을 하게 되었다고 생각한다.

필자가 '자산관리는 독립자문사에서 자문을 받는 것'이 정답이라고 하는 것은 3가지의 차별화된 서비스가 있기 때문이다.

첫 번째, 관리시스템이다.

독립자문사의 경우, 매년 고객과 미팅을 통해서 계약을 체결해야만 한다. 한 번 만나서 끝나는 것이 아니다. 매년 고객에게 만족도를 주지 않으면 계약은 성립되지 않는다.

고객의 상황은 매년 변경한다. '소득·지출·금융상품의 변화, 경제적인 변화' 등 여러 가지의 변수가 존재한다. 이에 독립자문사의 자산관리사들은 고객의 만족과 건전한 자산의 증가를 위해 노력해야만 한다.

이유는 고객에게 만족을 주어야만 다음 계약에 계약이 성립되기 때문이다.

반대로, 금융사의 영업사원들의 경우 관리의 의무가 없다. 금융상품을 판매하면 관리의 의무가 없다. 고객들은 영업사원의 관리가 만족스럽지 않아도 영업사원에게 피해는 없다.

오히려 고객이 영업사원이 만족스럽지 않아 '가입한 금융상품을 해약'하게 되면 고객의 손해가 크다.

이처럼 독립자문사와 금융사는 다른 롤을 가지고 있기 때문에 서로 다른 양상을 보이는 것이다.

두 번째, 합리적인 선택이 가능하다.

금융상품 및 투자 상품을 이해관계자에 의해 상담을 받았을 때, 설득당해서 가입해 후회한 경우가 많을 것이다.

하지만 독립자문사의 자산관리사는 고객에게 '설득'하지 않는다. 단지 조언을 할 뿐이다.

이유는 고객에게 설득을 할 필요가 없기 때문이다.

설득을 하는 이유는 '어떤 대상을 판매'하기 위해 이루어지는 경우가 많다.

물론, 독립자문사의 자산관리사 역시 고객의 자산을 증가시키기 위해서 설득을 하는 경우가 있을 수 있지만, 특정 이해관계자가 회사의 이익을 위해 행해지는 영업활동과는 매우 다르다.

독립자문사의 자산관리사는 고객의 문제에 대한 솔루션을 제공하기 위해서 다양한 접근을 통해서 해결하는 것을 목적으로 한다.

예를 들면, "나의 자산을 안정적으로 지키는 포트폴리오를 해주세요."라고 의뢰를 하게 되면 이에 가장 충실한 솔루션이 어떤 것인지를 연구 및 리서치하고 고민해서 고객에게 제시할 것이다. 이를 통해 고객은 가장 합리적인 선택이 가능하다.

세 번째, 안정적인 자산 구성이 가능하다.

독립자문의 전문가들은 고객의 자산이 '변동성이 큰 경제 상황'에 대처하고 극복하기 위한 전략을 수립하는 과정에서 가장 신경 쓰는 것이 바로 리스크 관리이다.

지속적인 리스크 관리를 통해서 고객은 금융사에서 제시하는 솔루션보다 안정적인 자산 배분이 가능하다.

위 3가지 이유가 독립자문사에서 자문받아야 하는 이유이다.

그런데 여기서 우리가 알아야 할 사실이 있다. 독립자문사의 장점에도 불구하고 고객은 자문료를 내야 하기 때문에 부담스럽다고 느낄 수 있다.

하지만 이는 잘 못된 생각일 수 있다.

오히려 잘못된 자문을 받아 자문료의 몇 100배의 손해를 볼 수 있기 때문이다.

이런 이유로 금융선진국인 영국·미국 등의 국민들은 독립자문사에서 상담을 받기를 희망하고, 만족도 역시 매우 높은 편이다.

우리의 속담에 "세상에 꽁짜는 없다."라는 얘기가 있다.

필자의 경험과 견해로는, 특히 자산관리의 경우에는 공짜 상담에는 함정이 있다.

반드시 나를 위한 상담인지를 확인하고 '적당한 비용'을 지급하더라도 제대로 된 상담을 받아야 할 것이다.

14. 부채는
지옥으로 가는 지름길이다

■ "유대인들은 부채를 지는 것에 대해서 매우 민감하고, 부채는 돈을 모으는 데 있어서 매우 큰 장애물이라고 생각한다."

왜 세계 경제의 거대자본을 가지고 있는 유대인들이 이처럼 생각할까?

이유는 한가지이다. 실제로 '부채를 많이 지고 있는 사람'은 순자산을 늘리기가 매우 어렵다. 필자의 많은 자문의 연구결과를 보게 되면 더더욱 쉽지 않은 것을 확인할 수 있다.

하지만 대부분 사람들은 부채를 지면서 살고 있다. 심지어 부채를 지는 것이 일상이 되어버리고 말았다.

매일 쓰는 부채 중 하나가 신용카드'이다. 신용카드는 신용이 있는 사람들이 사용하는 '돈 없이 거래하는 수단'이다. 즉, 신용 있는 사람에게 발급하고 신용이 불량인 사람에게는 발급되지 않는다. 그런데 카드로 인해서 많은 사람이 신용이 불량이 되는 경우가 매우 많다.

여기서 알아야 할 것은 신용카드는 '초단기대출'이라는 사실이다.

다음 달에 갚아야 하는 돈이다. 만일 12개월 할부라면 12개월 동안 매달 일정한 금액을 상환해야 한다.

도대체 신용카드는 어떤 이유로 많은 사람들에게 소비를 증가시키는 것일까?

첫 번째, 신용카드는 현물로 주는 것이 아니므로 인간의 뇌를 자극하지 못한다.

미국 뉴욕대와 메릴랜드대 연구진이 『심리학저널』에서 발표한 자료가 매우 흥미롭다.

실험결과를 보게 되면 카드보다 현금이 더 지출의 고통(pain of paying)이 크다는 것을 볼 수 있다. 연구진은 두 그룹으로 나누어 실험을 했다.

동일 메뉴로 한 그룹은 카드만 결제가 가능하다고 했으며, 한 그룹은 현금만 결제가 가능하다고 알려준다. 그런데 동일 메뉴임에도 카드로 결제하는 그룹이 지출이 더 컸다.

이유는 무엇일까? 현금은 나가는 돈을 눈으로 인식하고 이 돈이 아깝다는 생각을 뇌에 전달하기 때문이다. 하지만 카드로 결제하는 경우, 실제로는 돈이 인출됨에도 불구하고 눈으로 돈이 인출되지 않기 때문에 아껴야 한다는 인식이 현금보다 적은 것이다.

필자 역시 실제로 마트에서 이와 같은 실험을 해보았다. 카드를 가지고 마트에 가면 필자 역시 무분별하게 1+1 등 다양한 상품을 구매하고 결제할 때 아무런 생각 없이 결제한다.

하지만 현금만을 들고 가게 되면 현재의 현금 이내에서 지출을 하려고 노력하고, 그마저도 아깝다는 생각을 하게 되었다.

이처럼 신용카드(초단기부채)는 돈에 대한 우리의 뇌를 자극하지 못하게 하여 지출이 늘어나게 하는, 어쩌면 '마법의 지출 지팡이'이다

두 번째, 신용카드는 나의 분수에 맞는 지출을 못 하게 한다.

신용카드는 우리에게 매우 큰 능력을 준다. 우리가 사지 못할 물건을 사게 할 수 있기 때문이다. 예를 들면, 전 재산이 50만 원인 A와 B가 있다. A와 B는 우연히 백화점을 가게 되고, 가전 코너에서 100만 원 상당의 TV를 보게 된다. A는 현금만을 가지고 있었기 때문에 사고 싶었지만 살 수 없어 돈을 모아서 사야겠다고 생각한다. 하지만 B는 카드가 있었기 때문에 TV를 살 수 있었다. 이 때문에 B는 본인의 자산으로 구매할 수 없는 제품을 구매한 것이다.

위의 두 가지 이유는 우리의 소비습관을 매우 어렵게 만든다. 이 때문에 우리는 카드값(단기부채)을 갚는 데 매달 허덕이는 것이다.

신용카드뿐만 아니라 우리는 '자동차 할부, 주택담보대출, 학자금

대출' 등 다양한 부채를 지고 있는데, 이에 대한 문제를 인식하지 못하고 있다.

이것이 왜 우리의 자산의 증가에 악영향을 주는지를 아래의 도표를 통해 확인해보자.

【 14-1 도표 】

분류	1억 원	2억 원	3억 원	4억 원	5억 원
(년)대출이자	600만 원	1,200만 원	1,500만 원	2,000만 원	2,500만 원
20년간 이자비용	1억2천만 원	2억4천만 원	3억 원	4억 원	5억 원
기회비용 (만원)	₩19,840	₩39,679	₩49,599	₩66,132	₩82,665

* 대출이율 5% 가정
* (년)수익률 5% 가정

14-1 도표를 보게 되면, 매년 1억 원을 대출을 받게 되는 경우, 600만 원의 대출이자가 발생하게 된다. 이와 같은 이자비용이 20년간 지속한다고 가정하게 되면 1억2천만 원의 비용이 발생하는 것이다. 그런데 여기서 더 중요한 것은 만일 이와 같은 이자비용이 발생하지 않았다면 이 사람의 경우 약 2억 원 정도의 돈을 모을 수 있다.

대출금액이 높을수록 대출에 대한 이자비용과 기회비용이 높아지는 것을 알 수 있다.

이처럼 우리가 하고 있는 대출의 비용은 상당하게 우리의 순자산액을 증가시키는 것을 방해하고 있으며, 이를 인지하는 사람은 생각보다 많지 않다.

한 가지 추가로, 부동산에 관한 '부채'의 위험성을 언급하고자 한다. 부동산의 경우 매입할 때 대부분은 무리한 부채를 지고 매입하는 경우가 많다. 이유는 현재의 한국의 부동산 가격이 높기 때문이다. 이를 구매하기 위해서는 부채의 힘을 구할 수밖에 없는 상황이다. 그런데 부동산 구매는 매우 신중한 일이어야만 한다.

이유는 다음과 같은 비용이 발생하기 때문이다.

부동산을 매입하게 되면 우리는 매년 종부세(0.5%~)를 매년 내게 된다. 여기에 매입할 당시 취·등록세를 비용으로 내게 된다. 여기에 부채의 금액에 따라 매년 매입가액에 상당한 비용이 부동산을 보유함으로써 발생하게 된다.

만일 이 비용을 만회하기 위해서는 부동산이 상승해야만 하는데 현재의 한국의 부동산은 수급적인 관점에서 볼 때 상승을 장담할 수 없으므로 매우 신중한 태도를 가져야 할 것이다.

이처럼 부채는 단순하게 이자를 발생하는 것뿐만 아니라 '기회비용과 기타 비용'이 발생하는 것이다. 결국, 부채를 지는 사람은 계속해서 이자의 비용으로 일생을 보내게 되는 것이다.

이와 같이 부채를 최소화하는 것은 자산관리에서 보게 되면 매우 중요한 영역이며, 이를 통해 건전한 자산 증가가 가능하다.

필자는 부자들을 자문하면서 한 가지 알아낸 사실이 있다.
부자들은 부채에 대해서 매우 민감하게 반응하고, 이에 대한 충분한 인식이 되어 있다는 것이다.

15. 나의 자산 구성을
파악해라

■ 소크라테스의 명언 중에 "너 자신을
알라!"라는 말이 있다.

나 자신을 알지 못하면, 어떤 분석도 솔루션도 없다. 특히, 돈을
불리기 위해서는 나의 자산을 정확히 아는 것이 매우 중요하다.
하지만 단순히 자산 금액만을 파악하는 것은 의미가 없다. 자산
을 분류하고 이에 대한 비중이 어느 정도인지를 자세히 아는 것이
매우 중요하다.

필자가 자문을 하다 보면 자산이 어떻게 구성이 되어 있는지를 모
르는 경우가 대부분이다. 이를 생각하기 싫어하는 사람들도 있다.
자산 구성과 금액을 정확히 모르면 우리는 객관적인 자산의 위험
및 수익성에 대해서 파악하기가 매우 힘들다.

그럼 자산 구성을 어떻게 분류해야 하는 것일까?

우선, 금융자산·부동산자산·부채자산·현물자산으로 크게 분류할 수 있다.

그렇다면 각각의 자산을 분류하고 이에 대한 세부항목을 알아보도록 하자.

첫 번째. 금융자산은 크게 저축·투자형 자산과 보장성 자산으로 나뉜다.

저축형 자산은 '펀드, ELS, 은행적금, 연금저축' 등의 자산의 형태이며, 보장성 자산은 나의 질병과 상해로 인해 대비하는 '금융상품의 자산'이다. 여기서 알아야 할 것은 보장성 자산의 경우 현재의 환급(률)을 바탕으로 자산을 확인할 수 있다는 것이다.

저축·투자형 자산의 경우 안정형 자산과 투자형 자산으로 분류할 필요가 있다.

이유는 안정형 자산은 안정성이 주가 되는 자산이다. 원금 손실이 안 된다고 보장할 수는 없지만, 원금 손실의 가능성이 적은 자산을 의미한다. 투자형 자산은 '주식, 파생 등' 원금 손실의 가능성은 매우 높지만, 기대수익률이 상대적으로 안정형 자산보다 높은 자산을 의미한다.

두 번째, 부동산 자산이다.

부동산 자산은 금액의 단위가 매우 크며, 때에 따라서 현금화하는 데 시간이 걸릴 수 있다.

부동산은 주택과 토지의 자산으로 분류할 수 있다.

주택자산의 경우 환매가 토지의 자산보다 용이하다. 토지자산의 경우 지역과 입지에 따라 다르지만, 매수자가 나타나지 않아 매우 어려움을 겪고 있는 사례가 많다는 것을 유념해야 할 것이다.

세 번째, 부채형 자산이다.

부채 역시 자산이다. 부채형 자산을 파악하는 것은 나의 순자산 비중을 파악하는 데 있어서 매우 중요하다. 부채의 비중이 높을수록 나의 순자산 비중은 낮아지고, 부채 비중이 낮을수록 순자산의 비중이 높아진다.

또한, 부채는 '이자'를 발생시키기 때문에 자산의 비중에서 부채의 비중이 높다는 것은 순자산의 증가를 방해할 수 있는 자산의 형태라고 볼 수 있다.

부채 역시 '개인신용대출과 주택담보대출'로 나뉠 수 있다. 이를 나누는 것이 중요한 이유는 대출의 용도가 개인용도인지 주택으로 인한 대출인지를 파악을 해야 정확하게 현재의 부채 자산에 대해 분석할 수 있기 때문이다.

또한, 고금리 대출과 저금리 대출을 나누어서 볼 필요가 있다. 필자는 강의 중에 아래와 같은 질문을 받는다. "대출은 어느 은행부터 갚아야 하나요?"라는 질문이다.

이에 대해 필자는 명확하게 얘기할 수 있다. "고금리 대출부터 상환해야 한다."라고 언급을 한다.

네 번째 현물자산이다.

현물자산의 경우 '금, 은, 다이아몬드, 그림' 등의 귀금속 자산과 '엔, 달러' 등 화폐형 자산이 있다. 전통적으로 금은 안정형 자산으로서 재테크의 좋은 수단이었다. 하지만 금은 '금융'과 결합하면서 과거에 비해서 변동성이 높아지고 있다. 또한, 달러 역시 미국의 국력이 상승함으로써 달러의 가치는 중장기적으로 상승하고 있어 많은 투자자들의 투자 수단으로 활용되었다.

위에 말한 자산의 분류를 정리해보면 15-1 표를 보면 한눈에 볼 수 있다.

【 16-1 도표 】

자산 분류	항목	세부항목	금액	비중	전체비중
금융자산	저축형 자산	안정형 자산	40,000,000	6%	13%
		투자형 자산	30,000,000	4%	
	보장성 자산	보장성 자산	20,000,000	3%	

자산 분류	항목	세부항목	금액	비중	전체비중
부동산자산	토지형 자산		100,000,000	14%	56%
	주택형 자산		300,000,000	42%	
부채자산	개인신용대출(10%)		30,000,000	4%	18%
	주택담보대출(3%)		100,000,000	14%	
현물자산	금, 은 귀금속		40,000,000	6%	13%
	달러, 엔, 등의 화폐 자산		50,000,000	7%	
총자산			710,000,000	100%	
순자산			450,000,000	63%	

　위에 도표를 보게 되면 나의 자산의 현황을 객관적으로 들여다볼 수 있다.

　위의 도표를 보면 자산 중 순자산의 비중은 63%이며, 부채자산은 18%로서, 부채자산이 총자산 비중 대비 높지 않다. 위에 도표에서 현금형 자산은 비중이 낮으며, 부동산 자산의 비중이 높아 금융자산의 비중을 높일 필요가 있다.

　이와 같이 나의 자산의 금액과 비중을 알게 되면 나의 현재 상황을 매우 객관적으로 분석하고 해결책을 발견할 수 있다.

　필자의 자문경험을 통해서 실제로 자산을 분석해보면 본인이 생각하는 것보다 잘못된 점이 많으며, 나의 자산을 개선시켜야 한다고 느끼는 분들이 많다. 생각보다 본인의 순자산이 낮음에 실망하는 경우도 많다.

이처럼 나의 자산을 분류하고 정확하게 보는 것은 매우 중요하다.

이를 분류하고 분석하는 것은 매우 번거롭고 어려운 일일 수 있다. 하지만 이런 번거로움을 통해서 나의 자산이 효율적이고 합리적으로 움직일 수 있다면 바로 알아봐야 할 것이다.

필자가 강의하면서 항상 얘기하는 내용이 있다.

"부자가 되기 위해서는 귀찮은 일을 해야 하고, 남보다 열심히 살아야 하며, 쓰고 싶은 것을 쓰지 않아야 한다."라고 말이다.

세상에 쉬운 일은 없다. "공부를 잘하기 위해서는 책상에 앉아 있는 시간이 많아야 한다." 물론 천재라면 적은 시간을 소비하고도 공부를 잘할 수 있겠지만, 필자와 같이 평범하다면 공부시간을 늘리는 것이 공부를 잘하는 방법이다.

부자가 되기를 모두가 희망한다. 하지만 부자가 되는 것은 쉬운 일도 아니고, 모두가 할 수 있는 것은 아니다.

여기서 필자가 강조하고 싶은 내용은 나의 자산을 잘 파악하는 것이 자산관리의 첫 디딤돌이 되어 줄 것이라는 것이다.

이런 측면에서 자산의 현황을 정확히 기록하고 이를 분석하는 것은 '돈 관리의 시작'이라는 것을 잊지 말아야 할 것이다.

부 록

Private Banker's tip

유료 재무설계(재정관리)와 로드스타자문의 서비스
절세상품 무조건 가입하면 안 된다!
해외투자펀드, 환 헤지를 해야 할까?
노후보장의 1층 보장제도, 국민연금
신용카드·체크카드 어떻게 사용해야 할까?
금융상품가입, 어느 곳에서 하면 좋을까요?
내가 가입한 보험 한눈에 확인하기
은행대출 현명하게 이용하는 방법 1편
돈이란 무엇일까?
기업을 이끄는 경영자도 재무설계가 필요하다

상기 이외에도 좀 더 다양한 블로그 내용을 확인하시려면
http://blog.naver.com/roadstaradvisor를 찾아주세요.

유료 재무설계(재정관리)와 로드스타자문의 서비스

유근식 PB

사회의 변화속도가 예전과 달리 빨라지면서 금융환경도 많이 달라지고 있습니다.

특히, 그동안에는 재무설계란 이름하에 많은 분이 보험 등의 금융상품에 가입하며 여러 가지로 손해를 봐왔다면 이제는 IFA 제도 시행과 발맞춰서 유료재정자문 서비스에 대한 인식이 달라지고 있습니다.

그중 한국 최초의 독립재정자문사임을 자부하는 '로드스타자문'의 서비스는 기존에 재무설계 업체와 명확히 구분되는 점이 있습니다.

이는 바로 고객을 위한 재정상담인가, 아니면 금융회사나 거기에 속한 상담사의 이익을 위해 진행되는 재무 상담인가라는 점입니다.

기존에 재무설계 상담사는 결론적으로 본인과 연결된 금융회사의 상품을 권하게 됩니다. 그 이유는 그 금융상품을 고객이 가입해야만 이익이 생기기 때문입니다.

이러한 이해관계는 결국, 고객만을 위한 재정자문이라고 볼 수 없고, 그동안 많은 고객이 잘못된 금융상품 가입으로 피해를 보게 되는 결과로 이어졌습니다.

로드스타자문은 이러한 불합리한 부분을 과감히 탈피하고자 영국과 미국 등의 금융선진국에서 활발히 진행되고 있는 독립재정자문사의 모습으로 고객님께 서비스를 하고 있습니다.

고객에게 자문료를 받고 상담을 진행하기 때문에 고객님을 위한 가장 합리적이고 객관적인 답을 드릴 수 있으며, 또한 어떠한 금융회사와도 연계되지 않고 독립적으로 운영되다 보니 전혀 금융회사나 금융상품과의 이해 관계없이 고객님들에게 가장 유리한 포트폴리오를 제안드리고 있습니다.

이처럼, 로드스타자문의 서비스는 1차적으로 어떠한 이해 관계없이 고객의 인생 전체의 경제적인 문제에 대해 고객과 함께 고민하는 부분에서 출발합니다.

이후,
고객이 가지고 있는 다양한 문제점을 파악하고
그 문제점을 고객이 명확히 인지할 수 있도록 자문하며
문제점을 하나하나 분석·진단한 후
그 해결책에 대하여 상세한 계획을 수립하고
어떤 금융회사와도 이해 관계없이 객관적이고 합리적인 솔루션을 제안하며

이후 지속적인 관리를 통해 고객의 재정 안정과 순자산이 안전하고 건전하게 늘어갈 수 있도록

 경제 상황에 대해 대응해 나아가는 것

 이라고 말씀드릴 수 있습니다.

 이제는 많은 분이 본인의 재정적인 문제를 객관적으로 점검받고 관리받고자 하고 있습니다.

 유료재정자문은 일정 비용을 지급하더라도 그 이상의 효과를 얻으며 자신의 재정적인 문제를 전문가를 통해서 제대로 관리받는 시스템입니다.

 경제 상황이 복잡해지고 어려워지는 상황에서 로드스타자문은 이러한 서비스를 통해 고객님께 등대와 같은 역할을 하고 있습니다.

절세상품 무조건 가입하면 안 된다!

이창근 PB

'절세'란 한마디로 세금을 절약한다는 뜻이다.

재테크에서 수익을 얻을 때는 불가피하게 지출해야 하는 비용이 있는데, 결국 내 수익은 '수입−비용=수익'의 식으로 정의될 수 있다. '수입'을 늘리거나 '비용'을 줄여야 '수익'이라는 것이 커지는 원리다. 요즘 경기 상황이 재테크로 '수입'을 늘리는 것이 어려운 것이 현실이라 '비용'을 줄여서 늘리자는 것이 결국 세테크의 기본적인 개념이 되겠다. 여기서 '세금'이 곧 '비용'이고, 세금을 줄이는 것이 앞에서 얘기한 '절세'가 된다.

탈세와 어떻게 다른가?

절세의 기본은 합법적이라는 데에 있고, 법을 위반하여 세금을 줄이는 '탈세'와는 구분되어야 한다. 세법은 위법 행위에 대하여 여러 벌칙을 두고 있다. 당장 세금을 줄이는 것도 좋겠지만, 나중에 문제 되었을 때 내야 할 세금이 큰 경우는 주의해야 한다.

1. 원리를 이해하자

세테크를 한다며 절세효과를 선전하는 금융상품에 무조건 가입하는 것은 올바른 방법이 아니다. 내 상황에 맞는 길을 찾아야 하는데, 그러기 위해서는 기초적인 개념은 이해하고 있어야 한다.

첫째, 누진세율이다. 소득세율은 누진세율 구조로 되어 있다. 그렇기 때문에, 예를 들어 1천만 원 벌었을 때 100만 원을 세금으로 냈다고 2천만 원 벌었을 때 세금이 200만 원이 아니라 300만 원이 되는 것이다. 이런 경우 분리과세 금융상품을 절세상품으로 활용할 수 있다. 다른 소득과 합산하지 않고 별도로 분리하여 세금을 계산하고 종결하기 때문에 합산 소득이 더 이상 올라가지 않고 낮은 세율을 적용받을 수 있기 때문이다.

둘째, 소득세는 기본적으로 연 단위로 과세한다. 1년에 1천만 원씩 2년 동안 2천만 원을 번 사람과 2년 후 한 번에 2천만 원을 번 사람은 소득은 같지만, 세금은 다르다. 전자는 한 해에 세금을 100만 원씩 2년 동안 200만 원을 내게 되지만, 후자는 한 번에 300만 원을 내게 된다. 즉, 소득을 연 단위로 쪼개어 받는다면 절세방법이 되는 것이다.

마지막으로 절세 금융상품에 대한 상식이다. 절세상품은 보통 비과세상품, 분리과세상품, 소득공제 상품, 세액공제 상품 등으로 나눌 수 있다. 비과세는 말 그대로 세금을 부과하지 않는다는 것이고, 분리과세는 앞에서 설명했듯이 다른 소득과 합산하지 않아 높은 세율 적용을 피할 수 있다. 소득공제나 세액공제는 익히 알고 있듯이 연말정산이나 종합소득세 계산 시 직접 세금을 줄여주는 효과가 있다.

2. 내가 가입한 금융상품을 정리해 보자.

일반적으로 가장 쉽게 접근할 수 있는 세테크 방법은 금융상품 가입이다. 하지만 금융상품 가입도 현재 자신이 필요한 절세 방향이 무엇인지를 알고, 그에 맞는 절세 기능이 있는 금융상품을 찾아야 한다.

예를 들어, 전체 소득이 높지 않아 합산 과세를 하더라도 추가되는 세금이 많지 않다면 굳이 분리과세 상품에 가입할 필요가 없는 것이다. 이럴 경우 우선순위는 비과세상품-세액(소득)공제-상품의 수익률 등으로 선택과 운용이 필요하다.

예컨대, 나의 현재 소득 상황 등을 파악하고 그에 맞는 절세 전략을 짠 후, 현재 내가 가입하고 있는 금융상품의 기능들을 비교해 추가 가입을 하는 등 재편을 고려해야 한다.

주요 절세금융상품

구 분	가입조건	혜 택
ISA계좌	근로소득자 및 사업소득자 (금융소득종합과세 대상자 제외)	순수익 200만 원까지 비과세 200만 원 초과 9.9% 분리과세
연금저축&퇴직연금	.	13.2%(16.5%) 세액공제
주택청약종합저축	총급여 7천만 원 이하 무주택 근로자	40% 소득공제 (240만 원 한도)
비과세종합저축	만 63세 이상	이자/배당소득세 비과세
비과세 해외펀드	.	해외주식 매매차익, 평가차익, 환차익 비과세

3. 바뀌는 세법을 주시하자

세법은 경제 활동을 하는 대부분의 사람에게 영향을 미치므로 관심을 가지고 살펴보아야 한다. 세법은 여러 목적으로 빈번하게 개정된다. 기본적으로는 매년 개정되고 연중이라도 필요에 따라 바뀌기도 한다. 이는 기존에 생각하고 있던 절세 전략도 그에 따라 변화가 필요하다는 것을 의미한다. 올해부터는 소득세의 최고세율이 38%에서 40%로 인상되어 고소득자의 경우는 세 부담이 늘어났다. 또한, 저축보험의 비과세 혜택 한도가 축소되어 금융상품 선택 시 고려 요소가 되었고, ISA 계좌에 대한 세제 혜택을 크게 늘리는 제도가 빠르면 하반기부터 시행될 예정이므로 한 해 절세 방향을 생각할 때 참고할 만하다.

내가 가입할 수 있는 재원은 한정적이므로 우선순위를 정해 선택하는 지혜가 필요하다.

해외투자펀드, 환 헤지를 해야 할까?

이창엽 PB

안녕하세요? 로드스타자문의 이창엽 PB입니다. 지난번 게시했던 칼럼 중 「해외투자 비과세 특례 막차를 잡아라(http://blog.naver.com/roadstaradvisor/220935233094)」 글 기억나시나요? 오늘은 해외펀드 투자와 관련하여 환율의 변동에 따른 수익률 변화를 말씀드리고자 합니다.

해외투자펀드는 투자하려는 국가의 통화로 발행된 주식에 투자하므로 환전을 통해 투자하게 됩니다. 환율은 외국환시장에서 참여하는 거래참여자들 간의 거래상황에 따라 변동하게 되는데 경기변동, 외환시장 내의 수급 물량, 해당 국가의 경제 상황 등 다양한 변수에 의해 환율이 결정됩니다.

미국을 제외한 해외국가들로 투자할 때에는 원화를 미국달러로 바꾸고 달러를 다시 해당 국가의 통화로 바꾸는 거래 과정이 필요한데, 각각의 환전거래를 할 때 투자자는 환율 변동위험을 감수하게 됩니다. 투자대상의 가격변화위험이 아닌 환율의 변동위험을 '환리스크'라고 하고, 이러한 변동위험을 제거하기 위해서 '환리스크 헤지' 전략을 수립하기도 합니다.

환리스크 헤지란? 서로 다른 결과를 가져오는 거래를 동시에 수행함으로써 변동위험을 상쇄시키는 것인데요, 예를 들면 5월 1일에 1,000달러로 표시된 주식을 매수할 계획이라면 5월 1일에 1,000달러가 들어오는 또 다른 계약을 제3자와 지금 거래하는 것입니다. 이를 통해서 투자자는 현재의 환율로 고정된 1,000달러를 확보하게 되고, 환율 변동 위험 없이 투자를 진행할 수 있는 것입니다.

하지만 헤지 거래를 수행하게 되면 헤지 비용이 발생하게 되고, 이로 인해 펀드의 투자수익률은 감소하게 됩니다. 또한, 달러를 제외한 이종(異種)통화의 경우 거래비용이 매우 높으므로 헤지를 하게 될 경우 수익률이 급감하거나 펀드 기대수익보다 훨씬 높은 비용이 발생하여 환 헤지를 않는 펀드도 많습니다.

따라서 현재의 경기 상황과 미래의 변동을 적절히 고려하여 헤지 여부를 결정하는 것이 좋습니다. 2017년 4월 7일 오늘의 달러 대비 환율은 1,137.30원입니다. 즉, 원화 환율이 높아진 상황이기에 동일한 자금이라면 더 많은 해외주식을 살 수 있는 것이죠. 반대로, 매도 시점이 도래했을 때 환율이 1,200원대를 넘어간다면 보유하고 있는 주식 대비 더 많은 수익금을 받을 수 있습니다. 따라서 적절한 시기에 맞춘 환위험 노출은 수익률 극대화에 도움이 됩니다.

하지만, 현재의 경기에 맞는 투자대상은 어디인지, 앞으로의 변화는 어떻게 될 것인지에 대해 가늠하기 어려우실 수도 있습니다. 이러한 고민은 저희 로드스타자문과 함께 해결할 수 있습니다. 로드스타자문의 문은 언제든지 활짝 열려 있습니다.

노후보장의 1층 보장제도, 국민연금

정은경 PB

국민의 생활안정과 복지증진을 도모하기 위해 국가가 만든, 국가가 보장해주는 국민연금.

잘 준비하고 계신가요?

국민연금은 우리의 노후를 위해 준비할 수 있는 가장 기본적인 공적 연금입니다.

많은 분이 국민연금에 가입은 하고 있으나 얼마를 납입하고 있는지, 언제까지 납입해야 하는지, 추후 연금을 받을 때는 얼마를 받게 되는지 정확한 내용을 모른 채 납입하십니다.

이것은 국민연금뿐만 아니라 금융상품에 가입할 때에도 적용되는데, 상품에 가입할 때는 그 상품에 대한 정확한 정보를 이해한 후 가입하시는 것이 좋습니다.

그럼 국민연금에 대해 간단히 알아보겠습니다.

1. 국민연금가입대상은 18세 이상 60세 미만의 국민으로 사업장가입자 또는 지역가입자로 가입해야 합니다. 단, 국민연금이 아닌 다

른 공적연금(공무원연금, 사립학교교직원연금, 군인연금, 별정우체국 직원연금)에 가입하였거나 이미 받고 있는 분, 국민기초생활 보장법 에 의한 생계급여 수급자 또는 의료급여 수급자로 가입 미희망 신청 자들은 의무가입에서 제외됩니다.

의무가입 대상이 아니더라도 본인이 원하게 되면 임의가입으로 가 입이 가능한데, 이때 보험료는 지역가입자 중위수 소득 99만 원의 9%에 해당하는 89,100원 이상으로 납입할 수 있습니다.

2. 국민연금은 최소 가입 기간 10년을 채웠을 때 수급연령이 되면 노령연금을 받을 수 있습니다.

노령연금을 받는 연령은 53~56년생은 61세, 57~60년생은 62세, 61~64년생은 63세, 65~68년생은 64세, 69년생 이후 출생자는 65세부터 노령연금을 수령할 수 있습니다.

연금액은 본인의 가입 기간 및 가입 중 평균소득액, 전체 가입 자의 평균소득액을 기초로 계산됩니다. (공인인증서가 있으면 국민연금공단 www.nps.or.kr사이트 '내 연금 알아보기'에서 예상연금액을 조회하실 수 있습니다.)

만약 소득이 없을 경우에는 현재 만 56세부터 조기노령연금을 받 을 수 있으며, 장애를 입거나 사망했을 경우 일정 요건을 충족 시 장애연금이나 유족연금을 받을 수 있습니다.

또한, 2008. 1. 1. 이후 둘 이상의 자녀를 얻었거나(출산, 입양 등) 현 역병 또는 공익근무요원으로 군 복무를 한 경우에는 가입 기간을 추가로 인정해 줍니다.

3. 국민연금은 납입한 금액보다 연금으로 받는 금액이 더 많습니다.

최초로 연금을 받는 시점에 과거의 소득을 현재가치로 재평가하여 연금액을 산정하기 때문입니다.

이는 연금을 받는 중에는 물가상승분에 따라 연금액도 올라 납부한 보험료보다 연금 수령액이 많아지는 것입니다.

국민연금은 가입자인 국민의 부담수준에 비해 혜택이 비교적 높게 설정되어 사기업의 개인연금상품과 비교해도 이만큼 수익이 높은 상품은 시중에 없습니다.

그럴 수 있는 이유는 공적 연금으로서 영리를 목적으로 하지 않고 운영비용 일부를 국고에서 지원하며, 상품 판촉비용, 수수료 등 부대비용이 들지 않기 때문입니다.

국민연금은 가장 기본적인 제도인 만큼 다양한 혜택을 제공하고 있습니다.

이 외에 다양한 정보는 로드스타자문의 PB와 함께하며 행복한 노후 준비하세요!

신용카드·체크카드 어떻게 사용해야 할까?

김동휘 PB

제가 오늘 말씀드릴 부분은 현재 저희 실생활에서 없으면 안 될 유용하게 쓰고 있는 카드입니다. 카드는 대중적으로 크게 두 가지로 나뉠 수 있는데요, 하나는 신용카드(후결제), 또 하나는 체크카드(선결제)가 있습니다. 그럼 이 두 가지 카드를 어떻게 써야 할까를 가지고 오늘 말씀드릴 건데요. 전문가의 견해로 보아 명확하게 비유해서 말씀을 드리자면,

지출 통제가 쉬운 체크카드 VS 쉽게 소비를 결정하게 하는 신용카드라고 말씀드릴 수 있습니다. 이렇게 생각하게 된 이유는 제가 고객님들과의 상담을 진행하면, "체크카드를 사용하는 게 낫나요? 신용카드를 사용하는 게 낫나요?"라는 질문들을 많이 하시는데요, 간단히 설명드리자면 체크카드가 지갑을 닫고 사용하는 것이라면, 신용카드는 지갑을 열고 사용하는 것입니다.

즉, 체크카드는 통장에 돈을 넣고 사용하기 때문에 무분별한 소비를 막고 합리적으로 소비할 수 있게 도와줍니다. 반면, 신용카드는 외상을 하는 것과 같아서 한 번 더 생각해보고 결정할 소비도 쉽게

결정하게 합니다. 물론, 두 카드의 장단점은 있습니다. 카드를 가지고 있는 장본인이 어떤 성향을 갖고 있으며, 어떤 현명한 방법으로 카드를 쓰냐의 차이가 있긴 하지만, 대중적으로 보았을 때 무분별한 소비, 불필요한 지출을 줄이기 위해서는 체크카드를 쓰는 것이 현명한 선택이라고 말씀드릴 수 있습니다.

세법 또한 달라졌습니다. 체크카드는 세법이 바뀌면서 세제 혜택도 더욱 커졌는데요. 바뀐 세법을 중심으로 체크카드와 신용카드의 혜택을 각각 알아보자면, 우선 체크카드는 총 급여액에 25%를 넘는 사용액의 30%를 공제받을 수 있습니다.

반면, 신용카드는 체크카드처럼 총급여의 25%를 넘겨야 하는 것은 같은데, 30%가 아닌 15%만 세제 혜택을 받을 수 있고, 공제 한도는 300만 원입니다. 부가적으로 제가 말씀드리고 싶은 중요한 부분은 현대인의 필수품, 신용카드와 체크카드를 어떻게 관리하고 사용하느냐가 무척 중요하다는 것입니다.

둘 중 어느 것이 낫다는 것을 논하기에 앞서 현명한 소비습관이 반드시 필요하고요, 체크카드보다 신용카드의 혜택이 많아 신용카드를 쓰는 경우에도 무분별한 할부나 소비로 이어지지 않도록 소득에 맞춰 한도를 설정하고, 포인트 적립이나 할인 등을 활용하여 무분별한 소비를 없애야 합니다.

결론은 '어떤 카드를 써야 할까?'를 고민 하기 이전에 자신에게 맞는 카드를 설정하고 그에 따른 계획, 습관, 관리가 필요합니다. 물론, 처음부터 계획과 습관 관리 모두 다 하기는 벅찰 것입니다. 그래서 한 가지 팁을 드리자면 소득과 지출 부분에서 신용카드는 고정적으로 나가는 고정지출로 쓰시고, 변동성이 많은 변동지출은 현금화하여 체크카드를 이용하시면 무분별한 지출을 막고 두 카드의 장점을 이용해 현명한 소비습관을 기를 수 있을 것입니다.

금융상품가입, 어느 곳에서 하면 좋을까요?

이지현 PB

안녕하세요? 로드스타자문의 이지현 PB입니다.

금융상품 가입의 합리적인 판단에 대해 이야기해보려 합니다.

현재 나는 금융상품의 가입을 합리적으로 하고 있나요?

다양한 금융상품에서 제대로 된 지식이 필요하지만, 혼자서 모든 상품을 알아보기란 쉽지 않습니다.

금융상품의 복잡도 증가로 인하여 상품 자체를 이해하고 투자할 수 있는 가능성이 줄어들고, 이런 상황에서 금융소비자들은 어떤 방식으로 판단하고 있습니까?

소위 '재테크'라는 이름으로 자신이 정확하게 무엇을 사는지도 모르고, 은행, 보험, 증권에서 권유하는 과거의 성공에 기대거나 전문가의 의견이라고 하면서, 회사의 입장에서 이윤을 많이 남기는 상품을 판매하게 됩니다.

초저금리 시대, 금융소비자가 금리 1%만 달라도 해지하고 다른 곳으로 다시 가입하는 시대에 비교가 손쉽게 되는 사이트들이 제법 많아지고 신뢰도가 높은 금리 비교를 위한 몇몇 사이트를 소개해드리려 합니다.

금융위원회에서 만든 은행, 보험, 여신전문금융회사 등의 금융상품을 통합해 비교 공시하는 '금융상품 한눈에(http://finlife.fss.or.kr)', 여러 보험상품을 한눈에 비교해보고 가입까지 연계할 수 있는 '보험다모아(http://www.e-insmarket.or.kr)', 저렴한 수수료로 다양한 펀드에 투자할 수 있는 '펀드슈퍼마켓(www.fundsupermarket.co.kr)' 등 예금, 보험, 펀드 등을 손쉽게 비교하여 합리적 금융상품선택에 도움을 주는 사이트들이 많이 생겨나고 있습니다.

비교사이트가 있다고 하여도 개개인의 광범위한 재정서비스를 제공받기 위해서는 재정전문가에게 도움을 받아야 합니다.

"금융상품을 판매하지 않고 고객을 위한 유료재정자문의 도움을 받아보시는 것을 추천합니다."

내가 가입한 보험 한눈에 확인하기

배찬희 PB

여러분은 몇 개의 보험을 들고 있으신가요? 매달 통장에서 보험료가 빠져나가지만, '어떤 보험에 가입했는지?' 단번에 대답하기 쉽지 않습니다. 그만큼 보험은 우리에게 몇 개의 상품을 빼면 친숙하지 않은 편입니다.그러나 보험은 단순히 매달 보험료가 나가는 의미에서뿐 아니라 멀게는 노후를 준비하는 역할을 하고 불의의 사고에 대비하는 미래 자산입니다. 따라서 본인의 보험가입 내역을 제대로 파악하고 어떠한 보장이 부족한지, 보험료를 줄일 방법은 없는지 고민하는 게 현명한 소비자라고 할 수 있습니다.

오늘은 본인이 가입한 보험상품 내역을 인터넷에서 손쉽게 확인하는 방법을 안내해 드리겠습니다. 바로 한국신용정보원에서 제공하는 '내 보험 다 보여' 서비스입니다. '내 보험 다 보여' 서비스를 이용하면 자신이 가입한 보험의 계약현황, 보장내역, 보험료, 납입주기를 한번에 볼 수 있습니다.

'내 보험 다 보여' 서비스를 이용하려면 한국신용정보원(www.kcredit.or.kr) 홈페이지에 접속한 뒤, '내 보험 다 보여' 배너(ins.credit4u.

or.kr)를 선택하면 됩니다. 그 후 이름, 주민등록번호를 적고, 휴대전화, 신용카드, 공인인증서 가운데 하나를 이용해 본인인증을 해야 하며, 인증까지 3분이 채 걸리지 않습니다.

'내 보험 다 보여' 서비스 메뉴는 '계약현황', '정액형 보장 계약 내용', '실손형 보장 계약 내용' 등으로 구성돼 있으며, 계약현황에선 자신이 가입한 전체 보험과 이 가운데 유효계약이 몇 건인지를 파악할 수 있습니다. 또한, 매달 내야 하는 보험료 총액도 확인 가능합니다.지금까지 소비자가 온라인으로 모든 보험내역을 한눈에 확인하려면 생명·손해보험협회에서 각각 조회해야 했으며, 협회는 해당 보험사로부터 자료를 받아 이르면 다음 날 오전부터 확인할 수 있었습니다. 하지만 '내 보험 다 보여'에서는 생·손보사의 보험상품뿐 아니라 우정사업본부, 신협, 수협, 새마을금고의 보험상품 내역도 본인인증을 거치면 실시간으로 확인할 수 있다는 장점이 있습니다.

하지만 '내 보험 다 보여' 서비스는 현재 모든 보험가입 내역을 볼 수는 없습니다. 자동차보험, 화재·배상책임(대물) 보험을 제외한 보장성·저축성·실손보험 중 2006년 6월 이후 가입한 보험에 한하여 조회할 수 있습니다. 그러나 일부의 보험을 제외한 대부분의 보험내역을 한 번에 확인할 수 있는 만큼 가입된 보험의 내역을 알기 위해 시간과 노력을 들여야 하는 부분을 상당히 절약할 수 있기에 활용도가 높다고 할 수 있습니다.

'내 보험 다 보여'에 방문해 나의 보험 내역을 다시 확인해 본다면

'보험료 다이어트'로 내 보험의 군살을 뺄 수 있습니다.

 '내 보험 다 보여' 서비스를 잘 활용한다면 우리가 평소에 잊고 있던 불필요 보험으로 인한 과다 지출을 줄일 수 있습니다.

은행대출 현명하게 이용하는 방법 1편

이호은 PB

1. 대출 계약 철회권이란

은행에서 받은 대출을 14일 이내에 무를 수 있게 된다. 제조물처럼 반품할 수 있다는 뜻이다.

대출을 받은 뒤 14일간의 숙려기간 안에 소비자가 대출을 철회해도 불이익을 받지 않는다. 개인 고객의 4,000만 원 이하 신용대출 또는 2억 원 이하 담보대출이 적용 대상이다. 14일 안에 해당 금융회사에 철회 의사를 밝히고 원금과 이자 등을 갚으면 철회권이 행사된다.

보험·저축은행·캐피탈·카드·상호금융 같은 제2금융권과 대형 대부업체 20곳도 같은 제도를 적용받는다.

2. 이용 시 소비자에게 불이익은 없는지

중도상환 수수료가 없고, 대출을 받았다는 기록도 삭제된다. 처음부터 아예 대출을 받지 않은 것과 똑같으므로 신용평점에 아무런 영향을 받지 않는다. 물론, 해당 기간만큼의 이자는 상환해야 한다. 또 담보대출인 경우엔 담보 설정을 위해 은행이 초기에 냈던 부대비용이 있는데, 이걸 소비자가 은행에 돌려줘야 한다.

3. 부대비용은 얼마나 드나?

신용대출의 경우는 부대비용은 없다. 하지만 담보대출의 경우 1억 원짜리 담보대출이면 근저당 설정을 위한 수수료와 각종 세금 등을 포함해 100만 원가량이 된다. 2억 원짜리 담보대출이라면 이 비용이 150만 원 정도다. 담보대출자라면 철회권을 행사하기 전에 이런 비용을 감수할 만한지 따져봐야 한다. 그래도 중도상환 수수료(대출금액의 1.2~1.5%)보다는 적게 든다.

4. 어떤 경우에 철회권을 이용하는 것이 좋은가?

대출을 받았는데 예상과 달리 목돈이 생겨서 대출이 필요 없어지거나 충동적으로 대출을 받고 나서 후회할 때 유용하게 쓸 수 있다. 대출을 받고 나서 보니 다른 데서 더 좋은 조건으로 대출을 받을 수 있을 때도 고려할 만하다.

5. 철회권 제외대상

신용카드 현금서비스는 상환이 빈번하게 이뤄진다는 이유로 대상에서 빠졌다. 캐피탈사의 리스 서비스도 해당 물건의 소유권이 리스

회사에 있다는 이유로 제외됐다. 자동차 할부금융은 철회권 행사가 가능하다. 예컨대, A 캐피탈에서 자동차를 할부로 산 뒤 14일 안에 B 은행 오토론으로 갈아탄다면 기존 할부금융의 원리금을 갚고 철회할 수 있다. 이 경우엔 할부금융만 철회할 수 있다. 차량까지 반환할 수는 없다. 카드론은 철회권을 행사할 수 있다.

6. 횟수제한

빈번한 대출상환 남용을 제한하기 위해 횟수제한을 뒀다. 같은 금융사에서는 연간 2회, 전체 금융사로는 월 1회로 제한한다. 최대 연 12회까지 가능한 셈이다. 그렇다고 대출자가 전 금융권에서 철회권을 총 몇 회나 썼는지에 대한 기록이 남는다는 뜻은 아니다. 대출계약을 철회했다는 사실을 한 달 동안만 전 금융사가 공유한 뒤 기록을 삭제키로 했다.

종신보험을 연금보험 또는 저축성 보험으로
착각하지 말아야 하는 이유

박영욱 PB

많은 분이 설계사분들의 말만 믿은 채 종신보험을 저축성 상품으로 알고 잘못 가입하곤 한다.

종신보험은 회사마다 상품의 종류와 형태가 너무나도 다양하다.

무슨 무슨 종신보험, 또는 '유니버셜'이라는 단어가 붙는 유니버셜 종신보험, 그 외에 '변액'이라는 단어가 붙는 실적배당형 상품 등등 정말 많다.

하지만, 알아두어야 할 점은, 종신보험은 저축의 목적으로 가입하면 안 된다는 것이다.

종신보험의 기본계약은 엄연히 일반사망에 대한 보장을 해주는, 사망 시 가입금액을 지급해주는 상품이다. 하지만, 이율 자체가 확정이율인 상품도 있고, 시중금리보다 조금 높다 보니, 많은 설계사들이 해당 상품을 고정금리 상품에 복리로 굴러가고, 나중에 연금이나 마찬가지라고 설명하면서 고객에게 가입시키는 경우가 많다.

금융감독원에서 접수한 1~9월 종신보험 관련 민원 중 53.3%가 종신보험을 연금보험(저축보험)으로 알고 잘못 가입했다는 민원이라고 한다. 종신보험은 연금전환기능이라는 옵션이 있을 뿐, 연금보험이나 저축성보험이 절대 아니므로 상품 가입 시 주의를 해야 한다.

또한, 종신보험은 사업비가 연금보험 또는 저축성보험 상품보다 훨씬 높아서 그에 따라 고객이 원금을 찾을 수 있는 기간 자체가 20년은 되어야 한다. 그 돈을 다른 곳에 저축하거나 투자를 했다면, 20년이면 종신보험과 비교도 되지 않을 것이다.

그래도 저축 또는 연금을 위해 종신보험에 가입할 것인가?

그런데 설계사분들은 어째서 연금보험 또는 저축성 보험 상품을 놔두고 고객들에게 종신보험 상품을 권하는 것일까? 그것은 바로 설계사가 상품판매를 통해 받는 수수료가 크기 때문이다.

매달 새로운 고객을 찾아 나서야 하고 상품판매를 통해 수수료로 수입을 창출해야 하는 설계사 입장에서는 당연히 판매수수료가 높은 상품을 고객에게 권할 수밖에 없는 것이 현실이다.

모르면 모험을 하는 것과 같다. 설계사의 말을 전적으로 믿지 말고 신중히 해야 한다.

요즘은 정보의 홍수의 시대이다. 조금만 검색하면 해당 상품에 대해 파악할 수 있다.

그러므로 눈 뜨고 코 베이지 않도록, 단 10분이라도 검색하거나 체크해보는 것이 좋다.

보험은 중도에 해지하는 순간 그 손해가 전적으로 고객에게 발생하게 되므로, 처음 가입할 때 잘 알아보고 자신의 경제적 여력에 적합한지, 그리고 나에게 꼭 필요한 상품인지, 그리고 목적에 부합하는 상품인지를 체크해 보아야 할 것이다.

기업을 이끄는 경영자도 재무설계가 필요하다

곽종하 PB

기업을 이끌 때 가장 선봉에서 이끌어 나가야 할 위치에 있는 사람은 누굴까요?

바로 경영자입니다. 경영자도 회사의 살림을 이끌어가야 하기 때문에 재정관리의 필요성이 크다고 하겠습니다.

경영자도 본인 가정의 재정관리를 제대로 못 하면 회사 재정관리도 잘못하는 경우가 있습니다.

다만, 현실적인 문제로 기업 경영자 본인이 자신의 재무관리에 관심을 쏟기는 쉽지 않습니다.

회사의 상황에 따라 경영자 본인의 돈을 회사에 넣기도 하고, 반대로 회사의 돈을 빼서 쓰는 일이 많기에 회사에서 융통할 수 있는 돈을 참작해 본인의 재무관리에 크게 신경을 쓰지 못하시는 분들이 많습니다. 또한, 사업을 운영하다 보면 사업이 여러 변수(사업체의 부도, 세무, 인사 등의 문제)로 인해 잘될 수도 있고 잘 안 될 수 있기에 지금 당장 1~2년의 급급한 문제 때문에 앞으로 10년, 20년을 바라보고 재무관리를 생각한다는 것 자체가 쉽지 않습니다.

또 재무관리를 경영인이 고민해 보지 못하는 이유는 회사가 어려울 때는 마음의 여유 및 자금이 없어지기에 어렵고 회사가 잘 돌아가는 상황이라면 지속적으로 급여 및 배당금 등을 받을 수 있기에 신경을 못 쓰게 되는 이유가 있습니다. 다만 이렇게 생각을 하게 되는 이유는 회삿돈과 나의 돈을 명확히 구분하지 않고 쓰는 습관에서 시작된다고 합니다.

특히, 가족 기업일 경우 명확하게 나누어 쓰지 못하는 경우가 너무 많습니다. 쉽게 말해, 기업의 돈을 가져다 쓰는 경우를 가지급금이라 하고, 돈을 넣어 놓는 것을 가수금이라고 하는데, 세무당국은 가수금, 가지급금 등이 발생하는 것을 경영인이 공과 사를 혼동하고 있다고 보는 경향이 많습니다.

물론, 가지급금 및 가수금이 회사의 상황에 따라 어쩔수 없이 생겼다고 해도 회사자산을 본인의 것으로 생각하고 있다는 인식과 회계상의 불투명성으로 인해 앞으로의 세무조사 등에서 불이익을 받을 가능성이 높아지게 됩니다.

또한, 근로자가 퇴직금을 받는 것과 같이 임원들에게도 임원 퇴직금이라는 것이 있습니다. 보통은 근로자와 달리 정관의 규정을 만들어 임원 퇴직금의 인정액수를 크게(3배) 늘려 놓은 경우가 많습니다. 다만 이 임원 퇴직금 받을 액수를 생각해 재무관리에 관심을 안 가지고 계시는 분들도 많습니다. 또한, 지금 가지고 있는 문제도 사업이 잘되면 전부 다 해결될 수 있을 거라는 막연한 기대감을 가지고 앞으로 발생할 수 있는 위험에 대비해놓지 못하는 분들도 많습니다. 일반 근로자와 달리 경영인은 앞으로 발생할 리스크 자체가 크기에 이에 대비한 준비를 철저히 하셔야 합니다.

재무관리를 통해 경영인의 리스크로 자리 잡고 있는 본인의 돈과 회사의 돈을 명확히 구분하고, 올바른 재무관리 습관이 생기도록 도와드리는 것이 경영인 본인과 가정, 그리고 회사를 위하는 길이라고 할 수 있겠습니다.

돈의 독립

펴 낸 날   2017년 6월 2일

지 은 이   김준성, 구본석
펴 낸 이   최지숙
편집주간   이기성
편집팀장   이윤숙
기획편집   윤일란, 허나리
표지디자인 윤일란
책임마케팅 하철민, 장일규
펴 낸 곳   도서출판 생각나눔
출판등록   제 2008-000008호
주   소   서울 마포구 동교로 18길 41, 한경빌딩 2층
전   화   02-325-5100
팩   스   02-325-5101
홈페이지   www.생각나눔.kr
이 메 일   bookmain@think-book.com

• 책값은 표지 뒷면에 표기되어 있습니다.
  ISBN 978-89-6489-721-8   03320
• 이 도서의 국립중앙도서관 출판 시 도서목록(CIP)은 서지정보유통지원시스템 홈페이지
  (http://seoji.nl.go.kr)와 국가자료공동목록시스템(http://www.nl.go.kr/kolisnet)에서
  이용하실 수 있습니다(CIP제어번호: CIP2017011894).